KB058379

욕망을 기획하라

홈쇼핑만 봐도 돈 버는 방법이 보인다

욕망을
기획하라

박내선 지음

21세기북스

에필로그

프롤로그

2009년 미국의 '디스커버리 채널'은 전설적인 홈쇼핑 진행자 빌리 메이스Billy Mays와 안토니 설리반Anthony Sullivan을 주인공으로 한 리얼리티 발명품 판매쇼 '피치멘Pitchmen'을 방송했다. 메이스와 설리반은 우리나라에서도 케이블TV 중간에 나오는 홈쇼핑 형식의 광고 '인포머셜info-mercial; information+commercial'을 통해 익숙한 인물들이다. "날씬한 몸매를 원하십니까?"와 같은 운동기구나 "믿을 수 없는 효과"를 외치는 세제 광고 등에서 자주 보았던 외국인을 떠올리면 대부분 메이스나 설리반인 경우가 많다.

피치멘은 가수 지망생과 멘토로 나선 기획사 대표가 한 팀이 돼 최종 우승자를 가리는 우리나라 'K팝스타'처럼, 진행자와 발명가가 한 팀이 돼 제품을 더 잘 홍보하는 쪽이 이기는 게임이었다. '오디션'을 통과한 발명품은 메이스와 설리반의 손을 거쳐 근사한 '인포머셜'로 제작되는데, 두 사람의 제품 판매 기술을 보면 놀라움을 금치 못한다. 예를 들어 신발 깔창의 충격 흡수 효과를 보여 주기 위해 메이스는 자신의 손 위에 깔창을 올려놓고 망치로 내려치는 것도 모자라 자동차를 지나가게 한다.

피치멘은 진행자 빌리 메이스가 심장마비로 급작스럽게 사망하는 바람에 흐지부지 막을 내렸지만, 홈쇼핑에 채택되기 위한 제조 업체

의 치열한 경쟁과 소비자들에게 선택되기 위한 홈쇼핑 사의 지독한
판매 기술을 보여 줘 호평을 받았다.

'슈퍼스타K'를 쏙 빼닮은 홈쇼핑 무대

우리나라의 홈쇼핑 방송도 피치맨 속 상황과 크게 다르지 않다. 수
많은 기업들이 대박을 꿈꾸며 홈쇼핑 방송국을 찾는다. 자신이 팔려
는 상품에 대해 자랑을 늘어놓지만, 심사위원 역할을 하는 홈쇼핑
MD들은 냉정하다. 그들을 대상으로 한 1차 오디션을 통과하기도 힘
들지만, 최종 승자가 되기 위해 고객들의 콜call을 받아 내는 것도 피
를 말린다.

판매자는 홈쇼핑 사의 MD, PD, 쇼호스트와 머리를 맞대고 고객
들의 눈을 사로잡는 방송을 만들기 위해 다양한 전략을 논의한다. 그
과정 중에 빌리 메이스가 그랬던 것처럼 과장된 시연이 등장하기도
하고, 고객의 마음을 움직이는 감동의 사연이 소개되기도 한다.

홈쇼핑은 '슈퍼스타K'나 'K팝스타'와 같은 오디션 프로그램과 크게
다르지 않다. 아이디어만 좋다면 누구에게나 열려 있는 오디션 무대
이지만, 생방송에서 반응이 안 좋으면 가차 없이 다음번 출연 기회를
잃는 잔인한 생존경쟁의 장이다. 1시간도 안되는 짧은 시간 동안 수
만 건의 거래를 성사시키기 위해 출연자들은 다양한 마케팅 기법을
동원한다.

스티브 잡스가 노트북 컴퓨터가 얇다는 걸 강조하기 위해 서류봉투
에서 '맥북 에어'를 꺼내 든 이후부터 사람들은 프레젠테이션의 중요

성을 깨닫기 시작했다. 아무리 잘 만든 상품도 제대로 보여 주지 못하면 죽은 기술이나 다름없다.

그런 면에서 홈쇼핑은 전국의 스티브 잡스가 모여 프레젠테이션 경쟁을 벌이는 경연장과도 같다. 프라이팬의 코팅이 잘 벗겨지지 않는다는 걸 보여 주기 위해 철수세미로 5만 번 문지르는 실험을 하고, 여행용 트렁크의 내구성을 강조하기 위해 볼링공을 떨어뜨리고 사람이 올라 뛰는 일은 예사이다. (하루 세 끼를 모두 해당 프라이팬으로 조리해서 먹고, 먹은 후 매번 철수세미로 5회씩 문질러 설거지를 한다고 해도 5만 회를 문지르려면 9년이 걸린다. 9년간 같은 프라이팬을 사용하는 사람이 과연 있을까? 또 고가의 여행용 트렁크를 발로 밟으며 저렇게 함부로 다루는 경우가 있을까?)

성공적인 프레젠테이션으로 고객들의 관심을 받아 히트 상품이 되었다고 해도 영광은 오래가지 않는다. 늘 새로운 것을 찾고, 재방송을 할수록 시청률이 떨어지는 TV의 특성상 기업들은 긴장의 끈을 놓을 수 없다.

슈퍼스타K에서 치열한 경쟁을 뚫고 최종 승자가 돼도 가수로서 성공이 보장되는 것은 아니다. 마찬가지로 홈쇼핑 데뷔무대에서 '완판'을 해도, 그다음 방송에서 계속 성공한다는 보장도 없고, 홈쇼핑을 나와 오프라인에서 명성을 이어간다는 확신도 없다. 끊임없는 업그레이드와 스캔들 관리가 필요한 것이다.

홈쇼핑은 TV라는 매체의 특성을 크게 벗어나지 않는다. TV 드라마나 쇼프로그램이 인기를 얻는 원리가 홈쇼핑 상품에도 그대로 적용된다.

단순히 품질이 좋다거나 아이디어가 좋다는 것만 강조해서는 TV 앞에 앉은 까다로운 시청자들의 마음을 사로잡기 어렵다. 소비자들을 웃고 울리며 공감을 이끌어 내야 하고, 화려한 쇼를 선보이며 눈을 떼지 못하게 만들어야 한다.

TV 속 연예인들이 시청자들의 마음에 들기 위해 하는 행동과 홈쇼핑 속 판매상품이 고객들의 선택을 얻기 위해 구사하는 전략도 크게 다르지 않다. 가수가 연기도 하고 MC도 보듯, 한 가지 재능만 갖고 호소해서는 안 된다. 그룹에서 인기를 얻던 가수가 솔로 데뷔 후 처음부터 다시 시작하는 자세로 임하는 것처럼, '아무개의 화장품', '아무개의 김치'로 이름을 날렸던 상품이 '아무개'를 떼고 홀로서기를 하는 것도 쉬운 일이 아니다.

공중파 방송과 채널을 이웃하고 있는 홈쇼핑은 세상의 변화에 예민하다. 위 채널의 뉴스가 편성표에 반영되고, 아래 채널의 유행이 상품 판매에 영향을 미친다. 그래서 TV만 잘 봐도 홈쇼핑에서 돈 버는 방법이 보인다는 이야기가 나오는 것이다.

판매 영웅들의 노하우가 집약된 '홈쇼핑 어벤져스'

우리나라에 TV 홈쇼핑이 들어온 지 20년이 채 되지 않았다. 역사는 짧지만 판매 속도는 무섭다. 1995년 한국홈쇼핑(현 GS샵)과 39쇼핑(현 CJ오쇼핑)으로 국내에 처음 등장한 후 홈쇼핑 시장은 매년 두 자릿수 성장을 보이며 급성장했다. 대한상공회의소가 발간한 '유통산업백서'에 따르면 2013년 한국 TV 홈쇼핑 시장 규모는 8조 7,800억 원에 이르며, 국내 홈쇼핑업체들은 중국과 동남아로 영향력을 넓혀 가고 있다.

홈쇼핑이라는 판매 형태는 새롭지만, 그들이 선보이는 판매 방식은 과거의 전통적인 장사 기술과 크게 다르지 않다.

홈쇼핑은 현재의 유행을 실시간으로 보여 주는 장터이기도 하지만, 과거의 판매 기술을 현대에 맞게 변형해 소개하는 장사꾼이기도 하다. 할머니 시절의 약장수부터 어머니 시절의 방문판매원까지 성공한 세일즈맨의 노하우를 집약한 게 홈쇼핑이다. 그래서 홈쇼핑만 잘 봐도 세일즈 강의를 들을 필요가 없다는 이야기가 나온다.

홈쇼핑 주방기구 1위 브랜드인 '해피콜'은 과거 재래시장이나 백화점 지하에서 주방기구를 팔던 '판매의 신'들이 홈쇼핑에 진출해 시연기술을 선보이며 히트 상품이 되었다. 홈쇼핑에 도서 판매 붐을 일으킨 예림당의 'Why?'는 과거 월부 책장수들의 역할을 홈쇼핑에서 세련되게 재현해 성공했다. 백화점 의류매장에서 높은 판매고를 자랑하던 '샵마 언니들'의 화법은 홈쇼핑 패션 방송의 기준이 되었다. 홈쇼핑에서 선보이는 화장품 브랜드마다 연속 홈런을 날린 메이크업 아티스트 조성아씨는 "홈쇼핑은 방문판매의 진화 버전"이라고 말한다.

방문판매원들은 남의 집 대문에 한 발짝 들여놓는 게 가장 힘들다고 한다. 오죽했으면 방문판매원들이 벌이는 다양한 전술을 '문간에 발 들여놓기 기법Foot-in-the-door technique'이라는 심리학 용어로까지 발전시켰겠는가.

방문판매원은 일단 고객의 집에 들어오기만 하면 반은 성공한 셈이지만, 홈쇼핑은 쉽게 거실에 들어온 대신 고객의 눈길을 받는 게 쉽지 않다. '화면에 시선 고정시키기 기법'이 다양하게 시도되는 이유이다.

시청자들이 TV를 보던 중 광고가 나오는 사이 채널을 바꾸는 행위를 재핑zapping이라고 한다. 홈쇼핑은 이 '재핑 타임'에 승부를 걸어야 하는 방송이다. 드라마가 끝난 직후나 쇼 프로그램에서 인기가 별로 없는 가수가 등장했을 때 시청자들은 리모컨을 들어 다른 채널을 탐색한다. MBC에서 KBS1로 이동하는 중간에 CJ오쇼핑이 있고, KBS2로 가는 도중에 롯데홈쇼핑을 만나 잠시 홈쇼핑에 채널을 고정시킨다. 아이쇼핑 중 우연히 들어온 손님을 어떻게든 붙잡아 고객화시키는 기술이 홈쇼핑의 승패를 좌우한다.

홈쇼핑 사들은 생방송 스튜디오에 옆 채널의 방송을 함께 틀어놓고, 재핑 타임이 오면 갑자기 판매 강도를 높인다. 시연은 더욱 강력해지고, 쇼호스트의 목소리는 커진다. "수량이 몇 개 남지 않았습니다", "이 시간이 끝나면 더 이상의 할인은 없습니다"와 같은 자극적인 멘트가 긴박감을 조성한다.

옆 채널의 광고 시간을 이용해 빨리 팔아야 하니 홈쇼핑은 '분分 당 얼마'와 같은 시간 개념을 강조할 수밖에 없다. 짧은 시간 동안 사람의 관심을 집중시켜 물건을 파는 기술이 쌓이다 보니 쇼호스트들은 설득의 기술을 가르치는 출판과 강연 시장에서 귀한 대접을 받는다.

히트 상품을 통해 본 홈쇼핑 성공 방정식

고객을 설득해 물건을 사게 만드는 쇼호스트의 역할이 중요하긴 하지만 콘텐츠가 없다면 허공에 울리는 메아리일 뿐이다. 쇼호스트는 전달자일 뿐, 그들 앞에 물건을 세우기까지는 치밀한 구성과 연출이 필요하다. 물론 뛰어난 품질은 기본이다.

매년 홈쇼핑 사의 판매량 차트에서 상위권을 차지하는 히트 상품에는 일정한 판매 공식이 있다.

첫째, TV 앞에 외로이 앉아 있는 고객의 감성을 자극하라.

홈쇼핑은 제품의 기능을 나열하는 '마케팅 1.0'의 시대가 지나가고 도래한, 기능과 감성을 동시에 소구하는 '마케팅 2.0' 시대의 산물이다. 아직 필립 코틀러 교수가 주장하는 영혼을 감동시키는 '마케팅 3.0'의 단계까지 이르지는 못했지만, 홈쇼핑은 감성을 충족시키는 역할을 훌륭하게 소화해 내고 있다. 최소한 '이 놀라운 기능!'을 외치는 미국의 인포머셜이 아니라, 한국의 TV 홈쇼핑에서는 말이다.

홈쇼핑 초창기 '오스카 만능 녹즙기'로 히트 상품의 영광을 맛보았던 휴롬은 '휴롬 원액기'를 내놓으면서는 더 이상 제품의 기능을 나열하지 않았다. 기계를 파는 대신 건강이라는 콘텐츠를 팔았다. 어떤 기계적 원리로 어떤 기능을 선보인다는 이야기 대신, 휴롬을 통해 야채와 과일을 많이 먹어 건강을 챙기라고 말한다.

홈쇼핑에서의 성공으로 코스닥에 화려하게 입성한 내츄럴엔도텍은 여성호르몬 관련 건강식품인 '백수오궁'을 판매하며 갱년기 여성들의 마음을 어루만졌다. 중년 여성 탤런트가 나와 고객들의 말 못할 고민을 대신 낭독했고, 이러한 고민은 당신만의 문제가 아니라고 위로했다. 숨어서 끙끙 앓지 말고 고민을 꺼내 놓으라고 용기를 준 덕분에 백수오궁은 여성들의 화장대 위와 핸드백 안에서 당당하게 자리를 차지했다.

백수오궁이 고민 상담 토크쇼 같은 형식으로 소비자의 공감을 끌어냈다면, '도니도니돈까스'는 코미디 프로그램 같은 방송으로 소비자에게 웃음을 선사했다. 개그맨 정형돈을 내세운 '도니도니돈까스'는 '튀긴 돼지고기'가 아닌 즐거움을 팔았다. 방송을 보며 즐겁게 돈을 쓰게 했고, 돈가스를 먹으며 행복한 기분을 느끼게 했다. 고객을 끊임없이 웃게 만들어 '도니도니 중독자'를 양산했다.

둘째, 타깃 고객의 시간표를 따라 움직여라.

홈쇼핑은 타이밍이 중요하다. 등산 고객을 위해 산 밑에 가게를 열고, 주부 고객을 위해 아파트 상가에 매장을 내는 오프라인과 달리, 홈쇼핑은 불특정 다수를 대상으로 시간을 사는 비즈니스다. 고객을 만날 수 있는 장소를 살 수 없다면, 고객이 자주 찾는 시간을 사야 한다.

휴롬은 시청자들이 야식을 한창 즐기고 있는 시간에 방송을 편성한다. 늦은 저녁 시간, 기름진 식사를 한 고객들은 건강을 강조하는 휴롬 방송을 보며 죄책감을 느끼고 구매를 결정한다.

백수오궁은 주부들의 은밀한 고민이 활발히 오가는 공중파 채널 아침방송의 편성 시간에 맞춰 판매 방송을 진행한다. 이것이 '아침마당'인지, 홈쇼핑인지 구분이 안 가게 비슷한 형식으로 비슷한 고민을 꺼내놓고 고객을 기다린다.

일본 아사히TV가 2013년에 방영한 '걸리마마(Girly Mama)'는 소녀 같은 젊은 엄마들이 아이가 학교나 유치원에 간 사이 몸을 가꾸거나 쇼핑하는 모습을 다뤘다. 이 프로그램은 아이의 하교 시간을 '신데렐라 타임'이라고 불렀는데, '걸리마마'를 타깃으로 하는 우리나라 홈쇼핑의 패션 방송은 신데렐라 타임이 끝나기 전에 집중적으로 편성이 된다.

셋째, 홈쇼핑 밖에서 더 열심히 홍보하라.

홈쇼핑 히트 상품 중에는 홈쇼핑에서의 인기를 발판으로 오프라인에 진출한 경우도 있고, 오프라인에서 화제가 된 덕분에 홈쇼핑에 소개되어 더욱 유명해진 경우도 있다. 어느 경우든 홈쇼핑 밖에서의 홍보 활동이 홈쇼핑 판매에 지대한 영향을 미친다.

휴롬은 높은 가격 대비 단순한 기능 때문에 처음 출시되었을 때 홈쇼핑 사의 선택을 받지 못했다. 그러자 서둘러 홈쇼핑에 들어가는 대신, 파워블로거와 요리 연구가 등 '빅 마우스'를 대상으로 홍보 활동을 벌여 천천히 인지도를 쌓았다. 주부들에게 휴롬이 자꾸 회자되자, 홈쇼핑 사에서 가만있을 리 없었고, 홈쇼핑에 진출하면서부터는 폭발적으로 수요가 늘었다.

'김하늘 청바지'로 유명한 '까레라진'은 홈쇼핑에 진출하기 전 '진에어'의 승무원 복장으로 채택이 되어 주목을 받았다. 이후에는 영화배우 김하늘을 모델로 한 패션화보를 선보여 패션피플들의 이목을 집중시켰다. 오프라인에서 다양한 홍보거리를 만든 후 홈쇼핑에 진출하자 고객들이 '홈쇼핑 청바지'를 바라보는 시각도 달라졌다. 고객들은 그동안 홈쇼핑에서 청바지에 지불했던 돈의 2배가 넘는 금액을 까레라진에 투자했다.

넷째, 고객의 눈과 귀를 즐겁게 하라.

홈쇼핑은 한 편의 판매쇼와 같다. 다양한 볼거리, 들을 거리를 제공해 고객들을 흥분 상태로 만든 후 구매를 독려한다.

프라이팬을 가지고 온갖 종류의 실험을 하는 해피콜은 마술쇼에 가까운 시연으로 고객들의 눈을 사로잡았다. 해피콜 방송의 시연자는 홈쇼핑 사의 쇼호스트가 아닌 해피콜 회장이 정한 특정 인물만 가능하며, 이러한 원칙은 해외 홈쇼핑 방송에서도 어김이 없다. 홈쇼핑을 하나의 판매무대로 보고 해피콜식 훈련을 받은 특공대원들만이 한 치의 오차도 없이 고객들의 눈을 즐겁게 할 수 있기 때문이다.

메이크업 아티스트 화장품 붐을 일으킨 조성아 대표는 홈쇼핑 방송 중 메이크업을 통해 모델의 얼굴이 변해 가는 모습을 보여 줌으로써 여성들의 환상을 자극했다. 조성아 대표가 구사한 생활 밀착형 언어는 고객들의 귀에 쏙쏙 박혀 제품이 인터넷 화장품 카페에서 회자되는 데 큰 역할을 했다.

사람들이 가장 주목해서 듣고, 말로 잘 옮기는 소재가 '다른 사람 이야기'이다. 한경희생활과학의 한경희 대표는 주부들의 수다 속 주인공이 되기를 자처했다. 한경희 대표 개인의 스토리를 노출함으로써 사람들이 한 번 더 쳐다보고 입에 오르내리게 했다. 한경희라는 개인에 대한 신뢰는 한경희라는 회사에 대한 추종으로 이어졌다.

다섯째, 만능 엔터테이너가 되라.

1시간짜리 프로그램을 이어가기 위해서는 다양한 이야깃거리가 필요하다. 한 가지 기능만을 반복해서 말하는 건 화려한 홈쇼핑 무대에서 제품을 초라하게 만들 수 있다.

2010년 GS홈쇼핑 전체 판매량 1위를 기록한 '스웨덴 에그팩'은 비누라는 본연의 기능 외에 '팩'이라는 기능을 추가함으로써 히트 상품이 되었다. 기능 추가는 제품 업그레이드를 통해 이루어진 것이 아니라, 사용 방법을 확장함으로써 가능했다. 평소에는 일반적인 비누로 사용하고, 1주일에 2~3번 가량은 비누 거품을 얼굴에 팩처럼 올려놓으라는 간단한 사용법이 제품의 사용량을 늘리고, 고객을 확대하고, 가격을 올리는 효과를 가져왔다.

출시 직후 별다른 주목을 받지 못했던 '아이오페 에어쿠션'은 홈쇼핑으로 판매 채널을 옮기며 드러나지 않았던 다양한 기능이 소개돼 성공한 케이스이다. 예림당의 'Why?'도 그저 잘 만든 학습 만화로 머물 뻔했지만, 교과서와의 연계성을 꺼내들면서 '선행 학습서'로 용도를 바꿔 학부모들의 전폭적인 지지를 받았다.

홈쇼핑에서 뜬 상품이 홈쇼핑 밖에서도 성공하려면?

2013년 각 홈쇼핑 사의 히트 상품은 패션이 독차지했다. 홈쇼핑 사들이 마진이 높은 패션 상품을 열심히 밀어준 측면도 있고, 오프라인에서 어려움을 겪는 패션 브랜드들이 홈쇼핑에 적극 진출하면서 성장한 측면도 있다.

하지만 아직도 소위 '잘나가는' 패션 브랜드는 홈쇼핑 진출을 꺼린다. 이미지로 먹고사는 패션 브랜드는 홈쇼핑 진출을 마지막 보루로 생각하기 때문이다.

수입 브랜드의 공세로 어려움에 처했던 뱅뱅은 전략을 바꿔 홈쇼핑에 진출하면서 매출액 기준 국내 1위 청바지 브랜드가 되었다. 뱅뱅은 홈쇼핑에서 벌어들인 돈과 쌓은 신뢰를 바탕으로 오프라인 매장을 늘려 수입 SPA 브랜드와 경쟁한다는 계획이다.

패션이라는 특수한 카테고리여서 뱅뱅의 도전이 쉽지 않아 보이지만, 이미 오프라인에 성공적으로 진출한 홈쇼핑 브랜드의 선례가 있다.

해피콜이나 락앤락은 홈쇼핑에서 주부들의 인기에 힘입어 마트에 단독 코너를 가질 만큼 오프라인에서도 인정받고 있다. 예림당의 'Why?'는 홈쇼핑을 통해 전집을 구매한 아이들이 매달 추가되는 새로운 'Why?' 시리즈를 구입하기 위해 서점에 가면서 오프라인 매출도 덩달아 올라갔다.

CJ오쇼핑이 충주에 있는 세계 최대의 캐비어 양식장을 섭외해 만든 캐비어 화장품 '르페르'는 크림 한 통에 30만 원이 넘는 고가 화장품이었지만, 홈쇼핑을 통해 1시간 동안 2,000세트씩 팔려 나갔다. 르페르는 터키 홈쇼핑에 진출한 데 이어, 터키의 고급 백화점인 '하비니콜스'에도 입점했다. 터키는 중국, 동남아 등과 더불어 상류층의 홈쇼핑 이용률이 높아 우리나라 홈쇼핑 회사들이 공을 들이는 지역으로, 캐비어 양식장을 운영하는 '알마스케비아'와 화장품을 제조한 '코스맥스'는 홈쇼핑을 잘 활용한 덕분에 불과 1년 만에 해외 고급 백화점까지 진출할 수 있었다.

휴롬도 중국 관광객 덕분에 백화점이나 면세점에서 팔리고 있지만, 고객들은 12개월 무이자 할부, 선풍기, 제빵기 등의 사은품을 주는 홈쇼핑을 더 선호한다.

홈쇼핑은 마케팅과 세일즈가 동시에 일어나는 강력한 판매수단이다. 홈쇼핑을 통해 1시간 동안 수천~수만 개의 제품을 팔아 본 사람들은 그 매력에 빠져 오프라인 판매에 만족하지 못한다. 홈쇼핑의 높은 수수료 때문에 오프라인으로 떠났던 업체들은 매출이 쑥쑥 올라가는 쾌감을 못 잊어 다시 돌아온다.

그렇다고 홈쇼핑에서 판매하는 게 오프라인보다 성공 확률이 높은 것은 아니다. 일단 히트 상품이 되고 나면 방송 스케줄도 잘 잡히고 주문도 많이 일어나지만, 그렇게 되기까지 기다려야 하는 시간이 너무 길다. 우리 눈에는 하루아침에 뜬 것처럼 보이는 스타가 알고 보면 방송국 대기실에서 수년을 기다렸던 것처럼 말이다.

홈쇼핑에서 대박을 꿈꾸며 무작정 기다리기보다 홈쇼핑의 판매 기술을 오프라인에 접목해 보면 어떨까? 제품 자체를 파는 대신 감성을 팔고, 고객들의 동선을 파악해 프로모션을 하는 일은 홈쇼핑이 아니어도 적용 가능하다. 홈쇼핑의 프레젠테이션 기술을 웹사이트나 이벤트를 통해 전달할 수도 있다.

무엇보다 모든 매장의 판매 사원들이 쇼호스트처럼 밝은 표정과 적극적인 자세로 판매에 임해 고객들을 즐겁게 한다면 성공하지 않을 수 없다. 홈쇼핑은 고객이 기분 좋게 돈을 쓸 수 있는 분위기를 만든다.

홈쇼핑 밖에서 성공을 하고 나면, 홈쇼핑 사의 구애가 펼쳐진다. 대학로와 충무로에서 뜬 스타를 여의도 방송국에서 모셔 가는 것처럼 말이다.

홈쇼핑은 홈home에서 물건만 살 수 있는 게 아니라, 마케팅과 세일즈 기술도 배울 수 있는 훌륭한 경영학 교재이다.

PART 01
공감!

감정을 팔아라

HUROM
건강을
팔다

"충격실화! 당신의 주방이 위험하다"라는 내레이션으로 시작되는 극장판 휴롬 광고는 한 편의 공포 영화를 보는 분위기를 한껏 자아낸다. 긴장감이 고조되는 순간 "휴롬은 갈지 않고 짜내니까 자연의 맛과 영양이 살아 있다"는 카피가 흐른다. '갈지 않고'와 '맛과 영양'을 소비자의 뇌리에 각인시킨 후 광고 모델인 이영애가 등장한다. 그리고 "갈지 말고 휴롬하세요"라며 감미로운 목소리로 소비자를 유혹한다.

자! 이 광고를 요즘 유행하는 〈개그 콘서트〉의 한 코너인 '깐죽거리 잔혹사' 버전으로 각색해 보면 어떨까? "갈지 않고 짜낸 후 컵에 담아 빡! …… 맛과 영양이 …… 끝!" 휴롬만 있으면 마치 건강이 보장될 것 같은 느낌이 든다.

죽도 만들고, 밥도 하고, 떡도 찌는 만능 기계가 각광받는 홈쇼핑 세계에서 휴롬은 즙만 짜내는 단순한 기능으로 연간 3,000억 원의 매출을 올리고 있다. 휴롬은 단순한 기능만큼 소구 포인트도 명료하다. 휴롬을 사면 맛과 영양이 살아 있는 야채나 과일을 많이 먹을 수 있어 건강해진다는 논리이다. 휴롬은 제품의 장점인 '착즙 원리'가 아닌 '건강'을 이야기했다. 너무나 당연해 지나치기 쉬운 주제를 다루는 만큼, 세련되게 포장해 한 번 더 눈길을 사로잡았다.

그러나 출발부터 순탄한 것은 아니었다. 새롭고, 신기하고, 싼 것을 찾는 홈쇼핑 생리상 단순하고 비싼 휴롬을 좋아할 리 없었다. 휴롬은 우회 전략을 세웠다. 홈쇼핑 밖의 사람들에게 먼저 인정을 받아 홈쇼핑 회사에서 찾아오게 만들자고. 그리고 기다렸다. 이러한 전략은 주효했고 홈쇼핑 시장의 슈퍼스타로 떠올랐다.

휴롬원액기를 만든 ㈜휴롬은 1990년대 '만능 녹즙기'로 홈쇼핑 세계를 일찌감치 경험했다. 그 때문에 홈쇼핑에서 빨리 성과를 내기 위해 가격을 낮추고 기능을 축소하며 조급해하다가는 애써 만든 제품이 가치를 인정받기도 전에 사라질 수 있다는 점을 잘 알고 있었다.

휴롬은 홈쇼핑 밖에서 기계가 아닌 '건강'을 팔며 기다렸다. 소비자들이 휴롬을 기계가 아니라 건강한 생활 습관의 하나로 받아들일 때까지 소비자들을 직접 찾아다녔다. 동시에 '빅 마우스_{big mouth}' 역할을 해 줄 영향력 있는 사람들에게 투자했다.

기계를 사는 사람은 가격을 따지지만, 건강을 사는 사람은 트렌드를 만들어 냈다. 유행이 되고 나니 가격은 다음 문제였고 유행하는 상품에 홈쇼핑이 러브콜을 보내는 것은 당연한 수순이었다.

휴롬은 야채 장수?

휴롬과 같은 조리기구는 방송을 준비할 때 손이 많이 간다. 패션 상품은 옷걸이에 옷만 걸어 두면 되고, 화장품은 테이블에 화장품만 늘어놓으면 된다. 운동기구, 가전제품 모두 제품만 무대에 올려놓으면 되고, 훈련 받은 모델이 제품을 만지작거리기만 하면 된다.

그러나 조리기구는 그 기구로 조리를 해야 하기 때문에, 방송 전 각종 식재료를 준비하는 데 여간 손이 많이 가는 게 아니다.

휴롬 방송에는 신선한 야채와 과일이 필수이다. 그런데 준비해야 할 게 한 가지 더 있다. 야채와 과일 앞에 이름표를 하나씩 붙여놓아야 한다. 어떤 것이 포도이고 어떤 것이 사과인지 몰라서 그럴까? 이름표를 살펴보면 '배+도라지: 비타민C, 플라티코닌', '사과+블루베리: 펙틴, 안토시아닌', '토마토: 식이섬유, 베타카로틴'이라고 적혀 있다.

방송이 시작되면 카메라는 주인공 휴롬 대신 스튜디오를 가득 채운 야채와 과일을 화면에 담는다. 1시간 동안 이어진 방송 내내 쇼호스트는 휴롬에서 갓 짜낸 야채주스, 과일주스를 마시며, 영양소 설명에 열중한다.

"사과에는 독소를 흡착하는 펙틴이 풍부해 장과 혈관을 깨끗하게 하고, 비트는 콜레스테롤 수치를 낮추고 빈혈을 예방해요."

"당근은 비타민A가, 파인애플은 비타민B가, 자몽과 오렌지는 비타민C가 풍부해 피로 회복과 면역력 강화에 효과적이죠."

"건강하게 살려면 하루 400g의 야채를 드셔야 해요. 그런데 이 생야채 그냥 드실 수 있겠어요? 휴롬으로 남김없이 쫙 짜서 주스로 드세요."

야채와 과일의 영양소를 실컷 떠들던 쇼호스트가 결국 하고 싶었던 말은 "휴롬을 사면 더욱 건강하게 살 수 있다"였다.

휴롬은 고객들에게 어떤 성능이 좋다는 말을 하지 않는다. 건강하게 살려면 야채와 과일을 많이 먹어야 하고, 휴롬이 이를 편리하게 섭취할 수 있도록 도와준다는 점을 강조할 뿐이다.

휴롬 방송은 주로 시청자들이 야식을 한창 먹고 있을 때 편성된다. 기름진 식사와 곁들인 맥주 한 잔, 게다가 식사 후 담배 한 대까지 피우고 난 소비자는 휴롬 방송을 보는 순간 건강에 대한 걱정을 하게 된다. 이런 소비자 덕에 1시간 동안 398,000원짜리 휴롬은 2,000대나 팔려나간다.

휴롬의 정확한 명칭은 '휴롬원액기'이다. 제품을 만든 회사 휴롬의 원래 이름은 동아산업으로, 1990년대 말 '오스카 만능 녹즙기'로 이름을 떨치던 회사이다. 동아산업은 2008년 개발한 원액기 '휴롬'이 공전의 히트를 치자, 2011년 회사명을 아예 '휴롬'으로 바꾸었다.

인터넷에는 아직도 녹즙기와 원액기의 차이를 묻는 질문이 많이 올라온다. 녹즙기는 칼날로 야채를 가는mix 믹서기나 주서기와 달리, 스크루screw, 나사 방식으로 짜내는squeeze 기계이다. 휴롬의 원액기는 녹즙기의 핵심 부품인 스크루를 맷돌처럼 돌려 짜내는 방식이다. 녹즙기는 즙이 나오는 입구가 가로로 누워 있고, 원액기는 세로로 세워져 있다는 것 외에는 사실 큰 차이가 없다. 오히려 녹즙기는 즙을 내는 기능 외에도 면을 뽑고, 빙수용 얼음을 만드는 등 원액기보다 기능이 다양하다. 그럼에도 불구하고 휴롬은 왜 녹즙기라는 이름 대신 원액기라는 이름을 채택했을까?

김영기 회장이 녹즙기를 처음 낸 것은 1993년 '핸디나인'이라는 제품을 통해서였다. '중소기업상품전' 등을 통해 핸디나인이 소개되며 시장 반응이 좋아질 즈음 '쇳가루 녹즙기' 파동이 터졌다. 당시 녹즙기 시장의 절대 강자는 '엔젤 녹즙기'였다. 시대를 풍미했던 녹즙 붐 덕에 엔젤 녹즙기는 1990년대 초 연간 수백억 원의 판매고를 올리며 대박 행진을 펼쳤다. 그러나 후발 주자인 그린파워 녹즙기가 '원one 기어' 방식의 녹즙기를 들고 나오며, 두 개의 기어가 돌아가며 즙을 내는 엔젤의 '쌍 기어' 방식이 쇳가루를 유발한다고 공격했다.

이후 정부 주도의 재검증이 이뤄지고 문제가 없다는 결론이 나왔지만, 소비자들은 녹즙기를 '독毒즙기'라 부르며 외면했다. 엔젤은 물론이고, 그린파워 역시 공멸한 초유의 사건이었다. '쇳가루 녹즙기' 사건은 1990년대 중반 파스퇴르의 '고름우유' 파동과 함께, 타사를 공격하다가 업계 전체가 망한 사례로 마케팅 사에 남아 있다.

녹즙기 파동이 잠잠해질 즈음, 김영기 회장은 1998년 국수를 뽑고, 양념을 만드는 기능을 넣은 '오스카 만능 녹즙기'를 선보였다. 제품이 잘 팔린다 싶었더니 곧바로 유사 제품이 쏟아져 나왔다. 특허를 앞세워 소송으로 대응했지만, 피소된 회사들이 헐값에 물건을 처분하면서 시장은 더욱 혼란스러워졌다. 김 회장은 "특허로 상대방을 죽이고 나 혼자 살겠다고 생각하니 결국 다 죽더라"며 뼈아픈 과거를 후회했다.

방송통신심의위원회의 감독을 받는 홈쇼핑은 타사 제품과의 비교 판매를 엄격히 규제하고 있다. 그래서 업체들은 누가 봐도 경쟁사가 만든 제품을 '기존 자사 제품'이라는 이름으로 비교하는 편법을 사용한다. 기능이야 시연을 통해 눈에 보이는 비교가 가능하지만, 많은 설명이 필요한 기술 비교는 왜곡을 낳는다. 소비자가 궁금해 하는 것은 기능이지 기술이 아니다. 지나친 기술의 비교와 나열은 소비자에게 소음이 될 수도 있다.

'콩쥐', '휴롬'으로 거듭나다

김영기 회장이 녹즙기 대신 원액기라는 이름을 채택한 데는 쇳가루 파동 이후 녹즙기에 대한 부정적 인식도 있었지만, 녹즙기 자체가 고객층에 한계를 갖고 있었기 때문이다. 녹즙기가 홈쇼핑 덕에 일반 가정에까지 대중화가 되기는 했지만, 여전히 녹즙기는 환자를 떠올리게 했다. 녹즙이 암 환자에게 좋다는 이유로, 초창기 녹즙기가 환자를 둔 가정에 주로 팔렸기 때문이다.

김 회장은 '녹즙'이라는 단어 대신 '원액'이라는 단어를 통해 이를 극복하고자 했다. '녹즙기 있어요? → 집에 환자 있나요?'의 인식을 '원액기 있어요? → 건강에 관심이 많으시군요!'로 바꾸겠다는 의도였다. 원액기를 만들고 보니 녹즙기에 비해 콩으로 두유를 만드는 기능이 탁월했다. 김 회장은 2006년 처음 출시한 원액기의 이름을 '콩쥐'로 정하고, 채소나 과일로 주스를 만들 때 콩을 넣으면 비타민과 미네랄, 단백질까지 풍부한 '소이주스'를 만들 수 있다는 점을 내세웠다.

그러나 콩쥐는 홈쇼핑 출연조차 못하고 이름을 거둔다. 당시 홈쇼핑에는 즙내기, 다지기는 물론 떡볶이에 국수까지 뽑아 주는 녹즙기가 10만 원대 초반에 팔리고 있었다. 주스밖에 안되는 콩쥐를 30만 원대에 팔아 줄 홈쇼핑은 없었다. 콩쥐에 대해 강한 애착을 가졌던 김 회장은 방문판매와 인포머셜(일반 케이블TV의 광고 시간대에 진행되는 홈쇼핑 형식의 광고)을 통해 콩쥐를 판매했지만 반응이 시원치 않았다.

김 회장은 콩쥐의 기능을 보완하는 한편, 전문 디자인 업체에 브랜딩과 디자인을 의뢰했다. 콩을 가는 기술이 특출하다는 기능에 충실했던 '콩쥐'라는 이름은 '휴먼'human, 사람과 '이로움'을 합쳐, 모든 사람의 건강을 이롭게 한다는 의미의 '휴롬'으로 바뀌었다. 이름을 바꾸며 고객에 대한 정의도 새롭게 했다. 인간을 이롭게 하는 기계인 만큼 휴롬의 고객은 '건강을 생각하는 전 국민'이 되어야 했다. 어린아이부터 노인까지 전 국민이 고객이라면, 파는 물건도 전 국민이 공감할 수 있어야 했다.

김 회장은 영업 사원들에게 '원액기'가 아니라 '건강'을 팔라고 주문했다. 이 제품이 어떤 기술을 이용해서 좋다가 아니라, 이 제품이 있으면 채소나 과일을 많이 먹을 수 있기 때문에 당신의 건강 어디에 좋다는 이야기를 하라고 했다.

"당시 영업 사원이 두 명뿐이었는데, 회장님한테 직접 영업 교육을 받았습니다. '기계에 대해 설명하지 말라'는 게 회장님 당부였어요." 2001년부터 회사의 영업을 담당하고 있는 조대환 이사는 기계의 장점 대신 건강의 가치를 말하면서 30만 원이 넘는 고가에 제품을 파는 게 여간 힘든 일이 아니었다고 회상했다.

"지금도 회장님은 홈쇼핑 방송을 일일이 모니터하며, 쇼호스트가 기술 위주로 설명을 하면 화를 내세요. 휴롬으로 어떤 야채와 과일을 먹으면 그게 몸에 어떻게 좋은지 설명해야 하죠."

'빅 마우스'를 활용하라

콩쥐 시절보다 제품의 성능도 개선되고, 디자인도 세련되어졌지만 여전히 홈쇼핑에서는 이 제품을 거부했다. 30만 원대의 높은 가격이 문제였다. 휴롬의 핵심 기술은 채소나 과일을 빠른 속도로 가는 게 아니라, 지그시 눌러 짜는 '저속 착즙 방식Slow Squeeze System'에 있다. 휴롬은 홈쇼핑에 진출해 고속으로 제품을 알리는 것이 아니라, 고객의 인식을 지그시 자극하는 저속 마케팅을 선택했다.

휴롬의 저속 마케팅은 고객을 직접 만나는 방식이었다. 휴롬의 영업 사원들은 전국을 돌며 주부들을 모아놓고 휴롬이 어떻게 건강에 좋은 영향을 주는지 설명했다. 영업 사원의 설명으로도 부족하면 고객이 직접 공부할 수 있도록 휴롬으로 만드는 다양한 주스를 소개하는 '레시피북'도 제작했다. '휘슬러 홈파티'와 같이 수입 고가품을 판매하는 방문판매 업체의 판매망도 주요 마케팅 수단이었다. 휘슬러 정도의 고가 냄비를 사는 주부라면, 주변 사람들에게 미치는 영향도 클 것이라는 판단에서였다.

휴롬이 출시된 지 1년 후인 2009년 2월, 휴롬을 깜짝 놀라게 한 사건이 일어났다. 유명 파워블로거가 본인 블로그를 통해 휴롬의 공동구매를 요청해 왔는데, 10분 만에 1,500대가 팔린 것이다. 하루 평균 방문자 4만 명의 파워블로거라지만, 처음 제안이 들어왔을 때만 해도 반신반의했다. 이후에도 두 달에 한 번 꼴로 진행된 공동 구매에서 매번 1,500대 이상이 팔려나갔다. 무엇보다 공동 구매를 통해 제품을 구매한 네티즌들이 퍼뜨리는 입소문의 위력은 대단했다.

이번에는 인터넷 후기를 보고 '연예인 요리 선생'으로 유명한 요리연구가가 연락을 해 왔다. 이 요리연구가는 연예인 협찬을 요청했다. 요리연구가 입장에서는 연예인 고객의 환심을 사기에 휴롬만큼 좋은 선물이 없었을 테고, 휴롬 입장에서는 수수료 없이 톱클래스 연예인들에게 휴롬을 전달할 수 있으니 이보다 알뜰한 스타마케팅이 없었다. 연예인 협찬은 휴롬이 빠르게 상류층 주부들에게 파고드는 계기가 되었다. 휴롬을 써 본 연예인들이 미용실 원장이나 디자이너 등 지인들에게 사용 후기를 전하면, "연예인 아무개가 쓰는 제품"이라며 빠른 속도로 입소문이 나는 식이었다.

원조 스타의 화려한 복귀

연예인들이 쓰고, 네티즌들이 난리인데 홈쇼핑에서 휴롬을 가만둘리 없었다. 드디어 홈쇼핑에서 휴롬을 판매하고 싶다는 연락이 왔다.

2010년 4월 10일, 휴롬은 CJ오쇼핑 최고의 시청률을 자랑하는 〈왕영은의 톡톡 다이어리〉를 통해 화려하게 홈쇼핑에 컴백했다. 휴롬은 10여 년 전 '만능 녹즙기'로 홈쇼핑계에 혜성처럼 나타나 무대를 주름잡았지만 퇴물 취급을 받아 밀려난 후, 무대 밖에서 쌓은 탄탄한 실력과 인기로 복귀하는 연예인 같았다. '원조 스타'의 컴백 무대에 방송국은 최대한 예의를 갖춰 프라임 타임을 제공했고, 팬들은 '매진'으로 화답했다.

휴롬은 이후 GS, 현대, 롯데, NS, 홈앤쇼핑 등 6개 홈쇼핑 사에 모두 론칭하는 '기록'을 세웠다. 대부분의 상품들이 특정 홈쇼핑 1~2군데를 통해서만 독점적으로 판매하는 데 반해 휴롬은 모든 홈쇼핑 사들이 판매를 원하는 인기 상품이 되었다. 그만큼 매출도 상승했다. 2010년 591억 원이었던 매출이 2011년 1,716억 원, 2012년 2,528억 원으로 급성장하며 잘 만든 원액기 하나가 회사를 살렸다. 홈쇼핑 사들이 매년 발표하는 히트상품 순위에서도 휴롬은 출시 이후 줄곧 10위 안에 들었다.

휴롬이 인기를 끌자 경쟁업체들이 속속 원액기를 출시했다. 그러나 이미 소비자들의 머릿속에는 원액기라는 단어보다 휴롬이라는 단어가 익숙했다. TV 광고 속에서 이영애가 '갈지 말고 휴롬하세요'라고 외쳤던 것처럼.

고객 불만을 제품에 반영하다

아무리 재미있는 프로그램도 재방송을 자꾸 하면 시청률이 떨어지게 마련이다. 다른 유통 경로에 비해 홈쇼핑의 판매 주기가 짧은 이유도 방송의 특성을 반영한 결과다. 홈쇼핑 사는 늘 새로운 상품의 출현에 목말라 있다.

휴롬의 인기가 시들해질 무렵, 휴롬은 새로운 디자인의 NEW휴롬을 선보였다. 제품이 출시된 지 4년, 홈쇼핑에 등장한 지 2년만이었다. 가격도 359,000원에서 379,000원으로 2만 원 올렸다. 새로운 휴롬을 알리는 첫 번째 방송은 GS샵을 통해 쇼호스트로 변신한 박나림 아나운서가 맡았다.

NEW휴롬은 그동안 고객들이 휴롬 온라인 카페를 통해 올렸던 불만 사항을 적극적으로 반영했다. 한 번 마실 양만 나왔으면 좋겠다는 의견에 주스가 나오는 구멍에 뚜껑을 달았고, 이동이 불편하다는 의견에 아랫부분에 홈을 내 손으로 잡기 편리하게 만들었다. 조립과 세척도 쉬워졌다.

NEW휴롬은 광고 모델인 이영애의 '쌍둥이 출산 후 첫 CF 촬영'이라는 점 때문에도 이슈가 되었다. 2011년 7월부터 휴롬 모델을 해 왔던 이영애는 휴롬을 알리는 일등 공신이었다. 이영애가 광고에 나와 말한 "가족 건강을 위해 휴롬하세요!"는 마치 "휴롬이 없으면 가족 건강에 관심이 없으시군요"처럼 들렸다. 김영기 회장이 휴롬을 처음 세상에 내놓으며, 녹즙기처럼 환자만 쓰는 제품이 아니라 온 가족의 건강을 위해 쓰는 제품이 되기를 바랐던 꿈이 녹아 있는 카피였다.

휴롬의 제품 업그레이드는 계속됐다. 2013년 10월, 기존보다 두 배 더 천천히 짜내 주스 착즙량은 높이고 찌꺼기 양은 줄인 '2세대 휴롬'을 내놓았다. 가격도 398,000원으로 올렸다.

이번에는 김남주, 김승우 부부를 모델로 써 좀 더 노골적으로 건강에 대한 소비자의 심리를 자극했다. 광고 속에서 김남주와 김승우는 '암 예방을 위해 채소, 과일 하루 두 컵 반 섭취 권장'이라고 반복해서 말했다. 이중 스크루를 채택하고 용량을 키웠지만 광고 어디에도 휴롬이 어떻게 새로워졌다는 이야기는 없었다. 기계가 아닌 건강을 파는 광고일 뿐이었다.

트렌드를 창조하다

휴롬은 TV 드라마에도 자주 등장한다. 휴롬에서 먼저 협찬 제의를 하지 않아도 부유한 가정, 세련된 부엌을 표현하고 싶은 드라마 제작팀에서 먼저 휴롬에 연락을 해 온다. 〈내 딸 서영이〉, 〈최고다 이순신〉, 〈사랑해서 남 주나〉 등 휴롬은 웬만한 가족 드라마의 부엌에 항상 자리하고 있다.

한류 스타 이민호가 등장하는 〈상속자들〉에도 휴롬이 등장했다.

드라마 속 대한민국 최고 재벌인 '제국그룹'의 부엌에서 가사도우미가 휴롬으로 사과와 당근을 착즙하는 장면이 방송 1회부터 나왔다. 이 드라마는 중국에서 휴롬의 인기에 불을 지폈다. 〈상속자들〉 방영 이후 휴롬 매장은 중국 관광객들의 필수 코스가 되었다.

휴롬은 홈쇼핑 외에 백화점, 양판점, 할인점 등에서도 판매가 되고 있지만, 중국 관광객들이 좋아하는 곳은 휴롬이 운영하는 카페인 '휴롬팜'이다. 휴롬은 2012년 5월 분당 율동공원 앞에 첫 번째 주스카페 휴롬팜을 냈다. 휴롬팜은 휴롬 원액기 여러 대를 갖다 놓고, 신선한 야채와 과일을 직접 짜서 판매하는 곳이다. 원액기에서 나온 찌꺼기(휴롬은 이를 '휴레'라고 부른다)는 빵 반죽에 들어가 스콘, 머핀 등으로 재탄생해 판매된다.

휴롬팜은 휴롬 구매를 망설이는 고객들에게 미리 체험할 수 있는 기회를 제공한다는 목적과 더불어, 홈쇼핑으로 고정된 휴롬의 이미지를 젊게 바꾸려는 목적으로 만들어졌다. 2014년 상반기 현재 도산대로, 광화문, 분당 율동공원, 분당 롯데백화점, 이천 롯데프리미엄 아울렛에 매장을 냈고, 중국 상하이와 서안에도 매장을 운영 중이다. 물이나 얼음도 넣지 않고 100퍼센트 과일과 야채만 사용하기 때문에 가격은 꽤 높은 편이다. 그럼에도 고객들의 발길이 끊이지 않는다. 특히 도산대로 휴롬팜은 연예인들도 많이 찾을 만큼 트렌디한 장소로 각광받고 있다.

휴롬과 휴롬팜은 트렌드를 소개하는 잡지에서도 단골 소재이다. 초창기 휴롬이 주부들을 대상으로 하는 잡지의 요리 관련 페이지에

실렸다면, 요즘의 휴롬은 젊은 층을 대상으로 하는 잡지의 뷰티·헬스 면에 실린다. 휴롬은 오프라 윈프리 매거진에서 주목하는 상품을 다루는 '디 오 리스트The O List'에 실려 호평을 받았고, 미국 '살림의 여왕'인 마사 스튜어트는 요리 프로그램에서 휴롬을 이용해 주스를 만들기도 했다.

패션 잡지의 한 에디터는 "과거에는 진한 에스프레소 커피를 마시며 긴 손가락 사이로 담배 연기를 내뿜는 여성이 세련돼 보였다면, 이제는 탄탄한 근육에 운동화를 신고 과일 주스를 마시는 여성이 트렌디함의 상징"이라고 말했다.

휴롬은 캡슐 커피 기계인 네스프레소와 곧잘 비교된다. 커피와 주스는 공존하기 어려울 것 같은 음료이지만, 두 제품 모두 기계가 아닌 감성을 소구해 고급 소비자들을 사로잡았다는 점에서 연결된다. 그 덕에 휴롬과 네스프레소는 혼수품과 집들이 선물로 가장 각광받는 제품이 되었다.

K-웰빙을 전파하다

휴롬의 홈쇼핑 방송 중 자주 등장하는 멘트는 "수출 물량이 많아, 오늘 판매할 수량이 부족합니다. 서두르세요!"이다. 쇼호스트의 다소 과장된 표현도 섞였지만, 실제 휴롬은 해외 수출 물량이 많아 경남 김해의 공장 두 곳과 중국 도문에 지은 공장을 풀가동하고 있다.

휴롬은 2013년 전체 매출의 67퍼센트인 1,807억 원을 해외에서 올렸다. 특히 중국에서 휴롬의 인기가 높은데, 2011년부터 매년 3~4배씩 매출이 증가하고 있다. 휴롬은 중국에서 기계가 아닌 '한류'라는 문화를 팔았다. 드라마를 통한 PPL과 중국 홈쇼핑 방송을 통해 한국인들의 주스 문화를 선보였다. 중국은 음식을 주로 익혀 먹는 나라라는 점에서, 중국의 휴롬 열풍은 한 나라의 식습관을 바꾸고 있다고 해도 과언이 아니다.

중국에서 휴롬은 과거 한국에 녹즙기 열풍이 불었을 때처럼, 중년 남성들에게 반응이 좋다. 기름진 음식과 음주로 건강을 놓쳤던 중국의 중년 남성들이 건강을 챙기기 시작한 것이다. 휴롬은 중국에서도 홈쇼핑 방송을 통해 야채와 과일을 먹는 식습관에 대해 꾸준히 전파하고 있다. 한국식 웰빙에 대한 소구는 중국 주부들의 마음을 움직여 '내조의 여왕'을 만들어 냈다. 중국에서는 홈쇼핑 시연을 통해 두부를 만드는 모습을 보여 주면 주문 전화가 폭주한다고 한다. 휴롬으로 만든 두부가 가짜 음식에 대한 불안감을 덜어 준 셈이다.

기계가 아닌 건강을 파는 문제는 중국에서 더욱 절실하다. 중국에는 벌써 '짝퉁' 휴롬이 10종이 넘는다. 휴롬은 중국 소비자들에게 야채와 과일을 먹는 습관, 더 나아가 한국의 세련된 웰빙 문화를 전파해야 하는 숙제를 안고 있다. 이것이 휴롬이 주스 카페인 휴롬팜의 국내 매장을 늘리는 대신, 중국에 세 개의 매장을 서둘러 낸 이유이기도 하다.

휴롬은 한국식 웰빙, 즉 K-웰빙을 동남아에도 전파하고 있다. 휴롬의 원액기는 베트남, 인도, 터키 등에서도 해외 홈쇼핑을 통해 판매되고 있다. 베트남에서는 옥수수, 인도에서는 코코넛, 터키에서는 석류를 즙 내 먹는 게 인기라고 한다. CJ오쇼핑의 2013년 해외 판매 제품 순위에서도 휴롬은 1위를 차지했다.

국내보다 해외에서 두 배 이상 비싸게 팔리고 있기 때문에, 최근 '보따리 장수'를 통해 휴롬을 해외에 판매하는 경우가 늘고 있다. 그 때문에 홈쇼핑 사의 온라인몰에는 동일인이 휴롬을 세 대 이상 구매할 수 없다는 공지를 올려놓았다. 제조업체 입장에서는 화나는 일이지만, 짝퉁이나 밀수는 그만큼 인기가 있다는 반증이기도 하다. 휴롬은 중국과 동남아 시장을 겨냥해 한류 스타 이영애를 다시 모델로 기용했다.

김영기 회장의 목표는 세계인이 하루 한 끼는 휴롬으로 해결하는 것이다. 그는 휴롬을 부엌 필수품인 밥솥처럼 만들어 보고 싶다고 했다. 밥솥이 필수품이 된 것은 쌀을 주식으로 하는 식문화가 있기에 가능했다. 김 회장의 꿈이 이루어지려면 매일 야채와 과일을 주스로 만들어 먹는 문화가 자리 잡아야 할 것이다. 이것이 휴롬이 기계만을 팔 수 없는 이유이다.

백수오 궁

중년 여성의
고민을
해결하다

백수오궁, 백수오시크릿, 백수오퀸 등 홈쇼핑에서 시작된 '백수오' 열풍은 이제 온·오프라인을 가리지 않고 건강식품을 파는 곳이면 어디서든 볼 수 있다. 백수오가 뭐기에 이렇게 유사품이 판을 치는 것일까 궁금해하는 사람들에게는 놀라운 소식. '백수오'라는 약초 이름이 붙은 건강기능식품의 대부분이 '내츄럴엔도텍'이라는 회사 한 군데에서 만들어졌거나, 이 회사의 원료를 바탕으로 만들어졌다는 사실이다.

내츄럴엔도텍은 2013년 10월 31일, 공모가보다 두 배 높은 가격으로 거래를 시작하며 코스닥에 화려하게 입성한 바이오 벤처기업이다. 이 회사가 개발한 식물성 여성호르몬 소재가 '백수오 등 복합추출물'이고, 이 소재는 국내·외에서 특허를 받았기 때문에 내츄럴엔도텍만이 사용할 수 있다.

증권 전문가들에게 내츄럴엔도텍은 우수한 기술을 가진 코스닥의 기대주이지만, 주부들에게 내츄럴엔도텍은 말 못할 고민을 공개적으로 꺼내 준 카운셀러 같은 회사이다. 내츄럴엔도텍이 자체 상품으로 홈쇼핑에 처음 내놓은 '백수오궁'은 여성호르몬이 부족한 갱년기 여성들을 위한 건강 기능식품이다. 지금은 홈쇼핑마다 여성호르몬 관련 제품을 경쟁적으로 방송하지만, 백수오궁이 처음 나올 때만 해도 갱년기는 겉으로 드러내지 못하고 뒤에서 끙끙 앓는 단어였다. 백수오궁은 여성들이 나이가 들면서 생기는 신체의 고민을 공개적인 장으로 끌어내 성공한 케이스이다. 홈쇼핑이라는 TV 채널을 통해 백수오궁을 접하면서 여성들은 이러한 고민이 나 혼자만의 것이 아니라는 사실에 위로를 받았다.

불편한 주제를 편안하게 꺼내기 위해 백수오궁은 토크쇼 형식을 빌려, 여성들의 고민을 대신 낭독했다. 중년의 연예인은 자신의 은밀한 신체 고민을 털어놓았고, 차분한 목소리의 여성 한의사는 이런 고민은 당신만의 문제가 아니며 해결책이 있다고 위로했다.

누구나 말 못할 고민은 있다. 그 고민을 사람들이 대수롭지 않게 털어놓을 수 있을 때 시장은 만들어진다.

고객의 시간을 잡아라

백수오궁은 '아침 드라마의 장동건'으로 불리는 모 남자 탤런트와 같다. 그는 아침 시간 TV를 볼 수 없는 사람들에게는 낯선 인물이지만, 아침 드라마의 주 시청자인 주부들에게는 매일 보는 친근한 존재이다. 백수오궁의 홈쇼핑 방송은 주로 아침 시간대에 편성돼 있다. 남편과 아이들이 모두 출근하고 난 8시 이후가 백수오궁의 전성시대다.

내츄럴엔도텍의 자체 브랜드인 '백수오궁'은 GS샵, 현대홈쇼핑, 홈앤쇼핑에서 판매가 되고, 홈쇼핑 사의 PB_{Private Brand} 상품인 '백수오 시크릿'은 CJ오쇼핑에서, '백수오퀸'은 롯데홈쇼핑에서 판매된다. 5개 채널에서 번갈아가며 백수오 제품 판매 방송을 하는데, 방송 시간은 대부분 오전에 집중돼 있다. 백수오 제품이 판매되는 동안 앞뒤 채널인 공중파 TV에서는 주부들을 대상으로 한 토크쇼가 한창이다.

GS샵이 '백수오궁' 판매를 한 2014년 4월 8일 오전 9시 20분부터 10시 20분까지 주요 공중파 TV의 편성표를 보자. (괄호 안은 소비자들이 이렇게 행동하기를 바라는 내츄럴엔도텍과 GS샵의 희망 사항이다.)

8:25~9:30 KBS1 **아침마당** 올해 칠순이 됐다는 가수 조영남이 청바지에 티셔츠를 입고 나와 신곡을 발표한다. (저 나이에도 젊게 사는 남자를 본 후, GS샵으로 채널을 돌려 백수오궁을 구입한다.)

9:40~10:50 KBS2 **여유만만** 최신 유행 다이어트부터 연예인들의 다이어트까지 올바른 다이어트법에 대해 소개한다. (아침부터 다이어트로 날씬해진 사람들을 보니 스트레스를 받는다. GS샵으로 채널을 돌리니 다이어트도 여성 호르몬이 잘 분비돼야 효과적이라고 한다. 백수오궁을 구입한다.)

8:30~9:30 MBC **생방송 오늘 아침** 자궁 적출 수술 후유증에 시달리고 있는 여성들이 나와 우울한 이야기를 늘어놓는다. (여성에겐 제2의 심장이라는 자궁의 건강을 지켜야겠다는 생각에 GS샵으로 채널을 돌려 백수오궁을 구입한다.)

9:10~10:30 SBS **좋은 아침** 의사들이 나와 탄수화물 중독에 대한 심각성을 이야기하고 맞춤형 건강 식단을 공개한다. (채널을 돌리니 GS샵에 탤런트 유지인이 나와 "예전에는 피곤함과 허전함을 밥으로 채웠는데, 밥은 아무리 많이 먹어도 체중만 늘 뿐, 여성호르몬을 채우지 못한다"고 경고한다. 아무래도 백수오궁을 사야겠다.)

다른 홈쇼핑 사에서 판매하는 백수오 관련 제품도 비슷한 편성 패턴을 보인다. 백수오궁은 한바탕 출근 전쟁을 끝낸 주부들이 긴장을 풀고 TV 앞에 앉는 시간을 공략한다. 아무도 없는 거실에서 무장해제가 된 그녀들은 백수오궁이 던지는 은밀한 고민에 시선을 고정한다.

음지의 주제를 양지로 끌어내다

백수오궁에 들어 있는 특허 물질인 '백수오 등 복합추출물(에스트로지EstroG®)'은 여성호르몬인 '에스트로겐'과 유사한 식물 성분으로, 여성호르몬 부족으로 인한 증상을 개선하는 데 도움이 된다. 백수오궁 판매 방송에서는 '여성호르몬 부족으로 인한 증상'을 매우 구체적으로 반복해서 이야기한다.

안면홍조, 얼굴 화끈거림, 발한, 피로감, 질 건조, 분비물 감소, 불면증, 신경질, 우울증, 어지럼증, 관절통, 근육통, 피부 간지러움, 손발 저림 등의 증상이 그렇다.

"나이 들면 왜 조금만 온도가 높아져도 얼굴이 벌겋게 달아오르나 몰라요."

"어떤 어머님이 그러더라고요. 자식들이 입냄새 난다고 할 때 엄청 서럽다고."

"부부관계 안 한 지 오래됐죠."

"앞으로 백 살까지 산다는데, 벌써 여자로서 인생이 끝났다 생각하면 억울해요."

그동안 입 밖으로 꺼내지 못한 채 속으로 끙끙 앓았던 증상들을 홈쇼핑에서 대놓고 '고칠 수 있다'고 하니 주부들이 호응하는 것이다. 남편이나 자식들 앞에서는 차마 하기 힘든 이야기를 그들이 출근한 시간에 TV를 켜놓고 보면서 마음 편하게 맞장구를 치는 느낌이랄까. CJ오쇼핑의 '백수오 시크릿' 방송에 출연하는 여에스더 박사는 주부들 사이에 인기가 높은 남편 홍혜걸 박사에 대해 "당신들 남편과 다르지 않다"고 말하며 소비자를 위로한다.

"허리가 아파 누워 있으면 맨날 아프냐고 잔소리하죠. 요즘은 이유 없이 남편이나 애한테 신경질이 나요."

'백수오 시크릿'은 화장품 크림통과 같은 고급스러운 용기와 이를 덜어 가지고 다닐 수 있는 휴대용 용기가 특징이다. 제품 기획 당시 CJ오쇼핑 이해선 대표는 "죄 지은 사람처럼 숨기고 먹지 말고, 당당하게 화장대 위에 올려놓거나 핸드백에서 꺼내 먹을 수 있게 디자인하라"고 주문했다고 한다. GS샵에서 백수오궁을 업그레이드해 출시한 '본木백수오궁'은 화장품 용기의 느낌을 더욱 강조해 방송 중 "화장대 위에 예쁘게 올려놓고 드세요"라고 권할 정도다.

백수오궁의 성공 비결은 혼자만 끙끙 앓던 고민을 무대 위로 끌어내 비슷한 고민을 갖고 있던 사람들의 공감을 얻은 데 있다. 백수오궁 이전, 사람들의 말 못할 고민을 공론화해 성공한 대표적 제품으로는 댕기머리샴푸가 있다. 댕기머리샴푸는 여성이나 젊은 사람 중 탈모로 고민하는 사람이 의외로 많다는 점에 착안해, 탈모 전용 샴푸를 만들고 홈쇼핑을 통해 탈모가 당신만의 고민이 아님을 알렸다. 그 결과 2006~2008년 3년 연속 CJ오쇼핑 전체 상품 판매 1위를 기록한 것은 물론 탈모 샴푸를 하나의 미용 카테고리로 정착시켰다.

갱년기를 새롭게 정의, 고객층을 넓히다

백수오궁이 나오기 전까지 갱년기는 홈쇼핑에서 환영받지 못한 단어였다. 내츄럴엔도텍이 백수오궁을 처음 개발해 메이저 홈쇼핑 사에 제안을 했을 때, MD들은 "내용이 칙칙하다"며 거부했다. 갱년기라는 단어 자체가 온 가족이 보는 홈쇼핑 방송에 어울리지 않고, 나이든 여성들만 타깃으로 하기 때문에 고객이 적다는 이유에서였다. 실제 그동안 미디어에 나타난 갱년기와 관련된 이미지는 흰머리의 나이든 여성이 허리를 구부리며 인상을 쓴다던가, 요실금으로 부끄러워하는 모습이었다.

내츄럴엔도텍은 어렵게 방송 허락을 받은 신생 홈쇼핑 사 '홈앤쇼핑'에 들어가며, 갱년기를 새롭게 정의했다. 흔히 '갱년기는 폐경기'로 인식된다. 의학적으로 갱년기는 완전히 폐경이 되기 전 생리가 불규칙해지는 4~7년 동안과 폐경 후 약 1년까지의 폐경 이행기를 말한다. 질병관리본부 국립보건연구원의 조사에 따르면 우리나라 여성들의 평균 폐경 연령이 49세이니, 평균적으로 42세부터 50세가 갱년기라 할 수 있다.

그러나 대부분의 사람들은 갱년기를 폐경 이후로 인식하고 있다. 불과 몇 년 전까지만 해도 우리나라 여성들의 평균 폐경 연령은 54세여서, 갱년기에 대해 일반적으로 인식하고 있는 나이는 50대 후반이었다.

내츄럴엔도텍은 갱년기가 폐경과 함께 나타나는 증상이 아니라 폐경 전부터 나타난다는 점과 식습관의 변화와 스트레스로 인해 여성들의 폐경 연령이 빨라지고 있다는 점을 알리기로 했다. 무엇보다 갱년기라는 단어에서 '폐경'이라는 단어를 들어내고 '여성호르몬'이라는 단어를 사용했다. 백수오궁 판매 방송에서 가장 많이 나오는 표현이 "갱년기는 폐경기가 아니에요!"이다. 그렇게 해서 나온 나이가 35세였다. 35세는 한방에서 7년 주기로 변하는 여성의 몸을 설명할 때 노화가 시작되는 나이이기도 하지만, 홈쇼핑의 주요 구매 연령이기도 하다.

백수오궁은 방송 시작과 함께 여성호르몬 '에스트로겐'이 35세 이후 급격히 떨어지는 그래프를 보여 준다. 여성호르몬을 미리미리 보충해 두어야 폐경기 이후를 탈 없이 보낼 수 있다는 논리였다. 방송은 "폐경이 왔을 때는 이미 바닥을 친 상태"라며 "10년 전 증상이 시작될 때 여성호르몬을 채워 두라"고 강조한다. 건강식품은 보험과 더불어 '불안 마케팅'이 잘 통하는 대표적인 상품이다. 건강은, 당장은 아니지만 언제 닥칠지 모르는 불안한 상황을 가정하고 챙겨야 하기 때문이다.

TV 드라마에서는 40대 여배우가 스무 살 어린 남자와 연애하는 판타지를 심어 주는데, 내 몸은 벌써 갱년기를 향해 가고 있다는 경고를 들으면 불안한 마음은 더욱 커진다. 조기교육을 선동하는 불안 마케팅이 어른을 상대하는 제품에도 통하는 법이다.

특허로 진입장벽을 세우다

백수오궁이 출시돼 소비자들이 폭발적 반응을 보이자 홈쇼핑 사들은 당황했다. 갱년기 증상에 대한 여성들의 니즈가 이렇게 컸는지 미처 파악하지 못했던 것이다. 홈쇼핑 사야 백수오궁을 판매하거나, 내츄럴엔도텍에 이야기해 PB 상품을 만들어 달라고 하면 되지만, 여성 호르몬제로 홈쇼핑에 진출하려는 기존 건강식품업체들이 걱정이었다.

엄청나게 커진 여성호르몬 관련 시장에 당장 뛰어들고 싶어도 식물성 여성호르몬인 '에스트로지'는 내츄럴엔도텍만 사용할 수 있는 특허 물질이었다. 내츄럴엔도텍이 이 물질을 사용할 수 없게 하거나, 사용하더라도 '홈쇼핑은 안 돼!'라고 하면 어쩔 수 없는 노릇이었다.

갱년기 증상의 치료법에는 부족한 여성호르몬을 인위적으로 보충해 주는 호르몬 대체요법인 'HRT_{Hormone Replacement Therapy}'와 식물성 여성호르몬을 활용한 '대안 치료법_{Non-Hormone Therapy}'이 있다. 약물 투여법인 HRT는 2000년대 초 유방암, 심장마비, 뇌졸중 등 부작용이 발생할 수 있다는 연구 결과가 발표되면서 시장이 위축되었다. HRT를 대체하기 위해 천연물 소재의 승마_{Black coshosh}, 이소플라본_{Isoflavone}이 '대안 치료법'으로 나왔으나 효능이 좋지 못했고 부작용도 있었다.

내츄럴엔도텍이 개발한 '백수오 등 복합 추출물(에스트로지)'은 바로 승마, 이소플라본을 대체하는 천연물 소재의 여성호르몬제이다. 내츄럴엔도텍은 이 여성호르몬제로 특허를 취득하고, 20년의 배타적 권리를 확보하여 2028년까지 어떤 회사도 에스트로지를 만들어 판매할 수 없다. 특허는 국내뿐 아니라 미국, 캐나다, 호주, 러시아, 일본, 중국에서도 적용된다. 여성호르몬 관련 건강식품을 만들고 싶으면 기존의 승마, 이소플라본 소재를 사용하던지 내츄럴엔도텍으로부터 원료를 구매해야 한다.

그렇지 않으면 자체적으로 새로운 여성호르몬제를 개발해야 하는

데, 부작용이 없는 대체 천연물 소재 발굴은 쉬운 일이 아니다. 그러한 소재를 찾았더라도 소재 간 배합 연구, 장기간의 효능 및 부작용에 대한 임상 실험 등 제품 개발에 많은 시간과 비용이 소요된다. 국가별로 안전성과 효과를 검증받고 보건 당국의 허가를 획득하는 데도 오랜 시간이 소요되기 때문에 진입 장벽이 매우 높다.

특허만 딴다고 돈을 벌 수 있는 것은 아니다. 국내 식품의약품안전처나 미국 식품의약품안전국FDA 등에서 인정을 받아야, 건강식품 업체들이 원료를 사 주고, 소비자들이 제품을 구매한다. 에스트로지는 2010년 국내 식품의약품안전처에서 갱년기 여성 건강소재로는 최초로 기능성 원료 승인을 받았다. 에스트로지를 사용해 건강식품을 만들면 '갱년기 여성의 건강에 도움을 줄 수 있다'는 문장과 '건강 기능식품'이라는 단어를 사용할 수 있다.

에스트로지는 FDA에서도 건강 기능 신소재 승인을 받았다. FDA 승인은 매년 수백 건이 접수되지만 불과 2~3건만 통과할 정도로 까다롭다. 국내에도 FDA 승인을 받은 업체는 대기업을 포함해 다섯 손가락에 꼽을 정도다. 에스트로지는 FDA 승인 이후 캐나다의 식약처인 헬스캐나다Health Canada에서도 NPNNatural Product Number의 허가를 통과했다.

인내는 쓰고 열매는 달다

내츄럴엔도텍의 김재수 사장은 백수오 관련 제품의 성공 비결을 묻는 질문에 "운이 좋았다"고 말한다. 그러나 업계에서는 내츄럴엔도텍의 성공 비결이 '끈기'라고 입을 모은다.

유공(현 SK)과 한솔 등에서 개발자로 일하던 김 사장은 1999년 서강대 화학공학과 동기와 함께 생약 추출물로 면역 증강제 및 호르몬 촉진제를 개발하는 코인텍을 설립했다. 코인텍은 인삼에 집중한 면역 증강제를 개발하기 위해 2001년 6월 호르몬 연구를 담당하는 회사를 분사시켰다. 분사한 회사는 이름부터 천연natural물을 소재로 호르몬en-docrine 관련 기술tech을 개발한다는 뜻에서 내츄럴엔도텍으로 지었다.

내츄럴엔도텍의 존립 기반이 된 백수오 추출물은 우연히 개발됐다. 원래 김 사장은 성장호르몬 개발에 관심이 있었다. 이를 위해 27개 식물에서 51가지 추출물을 가지고 동물실험을 했다. 그러다 이 물질들이 여성호르몬(에스트로겐)에 가깝다는 것을 알게 되면서 자연스럽게 갱년기 질환 개선으로 방향을 바꿨다. 시장조사를 하다 보니 고령화 사회가 되면 40대 이후 여성호르몬 부족으로 오는 현상에 대한 수요가 늘어날 것이라는 확신이 생겼다.

특허를 취득하고, 각종 상도 휩쓸었지만, 돈을 버는 것은 거리가 멀었다. 돈은 벌었지만, 각종 임상 실험에 따른 투자비가 많이 들었다. 돈이 될까 해서 생약으로 만든 다이어트제, 금연보조제도 판매해 봤지만 쓰디쓴 실패만 맛보았다.

2005년 8월, 내츄럴엔도텍은 씨앤텔이라는 국내 최대 인포머셜 업체에 인수가 되었다. 씨앤텔은 내츄럴엔도텍이 만든 여성호르몬제를 케이블TV를 통해 판매하던 회사였다. 코스닥 등록업체였던 씨앤텔은 내츄럴엔도텍을 인수한 지 네 달 만에 만두회사인 취영루에 인수가 되었다. 취영루는 이후 과도한 투자 등으로 경영이 악화돼 코스닥에서 상장폐지되었다.

김재수 사장은 한 언론과의 인터뷰에서 "바이오 분야는 시간과 싸움"이라며 "IT 분야와 달리 한 제품이 나오기까지 5년 이상 시간이 필요하다"고 했다. 빨리 수익을 거두고자 하는 투자자에게 내츄럴엔도텍은 답답한 회사였다.

내츄럴엔도텍이 본격적으로 주목받은 것은 2010년 10월 FDA에서 건강기능 신소재 승인을 받은 다음부터다. 김 사장은 "FDA 승인 이전과 이후의 삶이 달라진 느낌"이라고 말했다. FDA 승인 이후 미국의 유명 건강식품 회사들과 잇따라 판매 계약을 하면서 내츄럴엔도텍의 매출은 상승 곡선을 그리기 시작했다. 2011년 내츄럴엔도텍의 매출은 전년 대비 21퍼센트 상승했고, 2012년 24퍼센트, 2013년 29퍼센트의 성장을 보였다. 2012년 '백수오궁'이 출시되고, 2013년 백수오궁을 비롯한 백수오시크릿, 백수오퀸 등 홈쇼핑 판매 제품들이 히트상품이 된 덕분이었다. 제품을 개발하기 시작해 성과가 나오기까지 10년이 걸린 셈이다.

토크쇼의 초대 손님이 된 백수오궁

백수오궁 판매 방송은 한 편의 토크쇼와 같다. 연예인들이 나와서 시끄럽게 개인기를 자랑하는 버라이어티쇼가 아닌, 일반인들이 숨겨둔 사연을 공개하고 이금희 아나운서가 공감해 주는 KBS1TV〈아침마당〉과 같다. 열 명의 일반인 방청객을 초대해 진행자들이 여성 건강에 대해 이야기할 때마다 "와~", "네!" 같은 리액션을 보여 주는 것도 특징이다.

백수오궁에서 이금희 아나운서의 역할을 맡은 이는 한의사 신정애 원장이다. 신 원장은 단아한 외모와 차분한 목소리로 여성호르몬 부족으로 생기는 증상을 조목조목 설명하는 데 탁월한 능력을 발휘한다. 신 원장은 강남의 체형 교정클리닉에서 이름을 날리는 한의사였다. 특히 하체 비만에 관심이 많아 '굿바이 하체 비만', '골반 교정 다이어트' 등의 책을 내기도 했다. 신 원장은 비즈니스에 있어 가장 앞선 한의사 중 한 명이다. 그녀의 특화 분야인 체형 교정은 한의원뿐 아니라 정형외과, 산부인과 전문의도 뛰어드는 돈이 되는 분야다. 신 원장은 백수오궁을 만들기 전 이미 '하초다이어트', '슬림나이트', '신정애 선식' 등 본인의 이름을 붙인 다양한 건강식품을 출시했다.

신 원장이 만든 다이어트 제품은 여자의 건강에 필요한 기능성 원료를 넣어 여성호르몬의 균형을 맞추는 것이 특징이었다. 이 과정에서 신 원장은 여성호르몬 대체 물질에 관심을 갖게 되었다. 2010년 4월, '백수오 등 복합 추출물'이 식약처에 갱년기 여성 건강 소재로 승인이 되었다는 소식을 듣자마자 신 원장은 내츄럴엔도텍에 연락해 함께 다이어트 제품을 만들자고 제안했다. 협의 과정에서 다이어트 제품보다는 갱년기 여성을 위한 복합 건강기능식품이 더 시장이 크다는 데 의견이 모아졌다. 신 원장은 백수오궁의 핵심 성분인 에스트로지 외에, 다른 기능을 추가하기 위해 어떤 원료를 배합할지 조언하는 역할을 하였다. 2014년 3월 아기를 낳은 신 원장은 만삭의 몸으로 홈쇼핑 방송을 진행하다가, 출산 후 2주 만에 방송에 컴백했다. 이런 열성이 신 원장을 갑부 한의사, 스타 한의사로 만들었다.

〈아침마당〉에는 이금희, 윤인구 아나운서 외에도 출연자들의 사연에 깊은 공감을 표현하고 방송을 매끄럽게 만드는 연예인 패널들이 있다. 백수오궁 방송에서는 탤런트 유지인 씨가 이런 역할을 한다. 1980년대 트로이카 여배우 중 한 명이었던 유지인 씨는 59세의 나이가 믿기지 않을 정도로 젊은 외모를 자랑한다. 유 씨는 본인이 젊음을 유지하는 비결이 백수오궁을 잘 챙겨먹기 때문이라고 입이 닳도록 이야기한다. 유 씨의 역할은 나이 대비 젊은 외모를 뽐내는 데서 끝나지 않는다. 유 씨는 여성들의 고민을 거침없이 이야기하면서 신 원장의 조언을 이끌어 내고 소비자들의 공감을 얻는다.

"예전에는 마흔 넘으면 다 그런 거야 했는데 이젠 그렇게 살면 안 돼요."

"집과 여자는 가꿔야 해요. 그러나 겉만 가꾸면 뭘 해요. 여성호르 몬을 챙겨야죠."

"제일 예쁜 여자가 누군지 아세요? 어린 여자래요."

유지인 씨는 추석을 앞두고 진행된 백수오궁 방송에서 눈물을 흘렸다.

"추석 때 음식 준비하고 시댁 식구 챙기느라 몸도 마음도 힘들죠? 저도 예전에……."

과거 결혼 생활을 떠올리던 유 씨는 눈물을 참지 못했고, 홈쇼핑 콜센터는 폭주하는 주문 전화로 즐거운 비명을 질렀다.

백수오궁이라는 초대 손님을 불러서 쇼호스트와 신정애 원장, 유지인 씨가 이끌어 가는 토크쇼는 백수오궁 방송의 고정 포맷으로 자리 잡았다. 게스트 출연료가 두 배로 든다는 점이 부담스럽지만, 신정애-유지인 커플의 찰떡 궁합은 소비자의 시선을 붙잡는 데 큰 역할을 했다.

백수오궁은 출시 2주년을 맞아 성분을 추가하고, 섭취 방법을 하루 네 알에서 두 알로 간단하게 바꾼 '본本백수오 프리미엄'을 출시했다. 미스코리아 출신 한의사로 유명한 김소형 씨와 개그우먼 이경실 씨가 커플로 등장해 토크쇼 형식의 방송을 선보이고 있다. 직설적인 화법으로 유명한 이경실 씨가 참여하면서 여성의 은밀한 질환에 대해 이야기하는 농도도 더욱 짙어졌다.

기존의 백수오궁은 현대홈쇼핑과 홈앤쇼핑을 통해 그대로 방송되지만, 본백수오 프리미엄은 GS샵에서만 판매하여 게스트에 대한 높은 의존도를 자연스럽게 분산하고 있다.

PPL을 적극 활용하라

요즘 홈쇼핑 건강식품 방송에는 〈SBS 특집 다큐멘터리〉, 〈MBC 다큐프라임〉과 같은 시사·교양 프로그램 내용이 많이 인용된다. 건강식품 업체에서 방송 제작비를 지원하고 해당 원료의 효능에 대한 방송을 하면, 얼마 후 그 내용을 홈쇼핑에서 소개하는 것이다. 쇼호스트가 아예 '몇 월 며칠 무슨 방송 무슨 프로그램 소개'와 같은 팻말을 들고 방송을 할 정도다.

내츄럴엔도텍은 주부들에게 인기가 높은 공중파 아침 방송의 사이사이에 홈쇼핑 편성을 하는 것도 모자라, 홈쇼핑 방송 직전 다큐멘터리 프로그램을 방영하기도 한다. 예를 들어 JTBC에 〈백수오, 여성을 부탁해!〉라는 프로그램을 제작하도록 협찬한 후, JTBC 방송 직후 GS샵에서 백수오궁 판매 방송을 하는 식이다. 방송에서 쇼호스트는 "여러분, 조금 전 JTBC에서 방송한 다큐멘터리 보셨죠? 백수오의 효능을 공중파, 종편에서도 인정하고 있어요"라고 강조한다.

건강식품업체들이 방송 협찬도 하고, 연예인 게스트도 쓸 수 있는 것은 건강식품의 우월한 원가 구조 덕분이다. 이마트에서 '반값홍삼'을 출시하며 이슈가 된 홍삼의 원가를 보면 240g짜리 홍삼정 한 병의 소비자가는 198,000원인데 반해 원료와 제조비용은 5만 원대 초반에 불과했다. 건강식품 중 그나마 원가가 높다는 홍삼이 이 정도면 다른 제품의 원가는 이보다 훨씬 낮다는 이야기인 것이다.

백수오궁 제조에 가장 많은 비율을 차지하는 당귀(39.3퍼센트)와 백수오(35.8퍼센트)는 재배와 채취가 어렵지 않은 약재로, 저렴한 원료에서 비싼 기술을 뽑아낼 수 있다는 것이 바이오 헬스 산업의 매력이기도 하다. 물론 성공하기까지 오랜 시간이 걸리고, 성공보다 실패 확률이 훨씬 높긴 하지만 말이다.

미국 최대 인포머셜 업체인 텔레브랜즈Telebrands의 CEO 아지트 쿠바니Ajit Khubani는 경기가 어려워지면서 TV 광고비는 낮아지는 반면 TV 시청률은 오르는 것이 인포머셜 및 홈쇼핑의 성장 비결이라고 했다. 게다가 우리나라는 종편의 등장으로 채널이 늘어나기까지 했으니 홈쇼핑 사와 홈쇼핑으로 돈을 벌려는 업체들에게는 더욱 유리한 광고 환경이 만들어진 셈이다.

쉽게 설명하라

우스갯소리로 '제 아무리 MIT 박사라도 설명을 못하면 동네 보습학원 강사만도 못하다'는 말이 있다. IT나 바이오 벤처기업 중에는 어렵게 개발한 기술을 쉽게 설명하지 못해 투자자나 고객들에게 외면받는 기업이 많다. 스탠퍼드대학교 경영학과의 칩 히스 교수는 이를 '지식의 저주'라 불렀다. 교수나 CEO처럼 지식이나 정보를 많이 아는 사람의 말일수록 알아듣기 힘든 현상을 말한다. 워낙 전문적인 내용이라 일반인들이 이해하기 어려운 부분도 있지만, 설명을 못하는 기업 중에는 기술이 불완전하거나 개발한 사람조차 자신이 없는 경우가 많다.

내츄럴엔도텍은 그런 면에서 당당하다. 식약처에서 기능성을 인정받은 원료 덕에 "여자 몸에 참 좋은데, 어떻게 알릴 방법이 없네"라고 말끝을 흐리지 않아도 된다. 당당하고 구체적으로 여자의 어디에 좋다고 말할 수 있다. 사람들이 '홈쇼핑에서 갱년기 약 파는 회사'라고 말해도 손사래를 치며 "우리는 바이오 벤처"라고 유난 떨지 않는다. 백수오궁 등 홈쇼핑에서 판매되는 제품 방송 덕에 이 회사의 핵심 기술인 '에스트로지'를 고객들에게 쉽게 알리고, FDA에 인정받은 기술력을 홍보할 수 있었다.

내츄럴엔도텍이 코스닥 시장에 등록했을 때 애널리스트나 증권 담당 기자들은 이 회사에 대해 어렵지 않게 글을 써 내려 갈 수 있었다. 바이오 벤처를 어려워하는 개인 투자자들에게도 '백수오궁 그 회사'라며 친숙하게 다가갔다. 미국 프린스턴대학교의 기계공학 및 항공우주공학과 다니엘 노센척Daniel Nosenchuck 교수는 기술을 시장에서 팔리게 하는 방법에 대해 고민했다. 그는 답을 구하고자 미국 최대 인포머셜 업체인 '텔레브랜즈'를 찾아갔고, 거기서 다수의 인포머셜을 제작하고 진행하는 안토니 설리반Anthony Sullivan을 소개받았다.

설리반은 프린스턴 대학교 공대생들을 대상으로 제품을 시장에 내놓는 효과적인 방법에 대해 구체적인 도구와 기법, 스토리보드를 보여 주며 가르쳤다. 학생들은 아무리 대단한 기술도 결국은 시장에서 팔려야 가치를 인정받고, 그러려면 시장에서 사용하는 언어로 말해야 한다는 중요한 사실을 배웠다. 똑똑한 사람들은 일부러 어려운 말을 쓰며 폼을 잡지 않는다. 오히려 친숙한 언어로 사람들과 소통하려 한다. 14년째 같은 자리를 지키며 〈무한도전〉의 시청률을 이긴 〈아침마당〉의 이금희 아나운서처럼 말이다.

즐거움을
팔다

홈쇼핑에서 판매되는 연예인 상품 중 가장 강력한 화장품 브랜드가 '하유미팩'이라면, 식품 분야의 최강자는 '정형돈 돈가스'이다. 하유미와 정형돈 모두 홈쇼핑 사업을 시작한 후 더욱 유명해지고 인기를 끈 경우라 연예인의 홈쇼핑 진출 모범 사례로 자주 인용된다.

하유미팩이 '셀더마 마스크'라는 복잡한 이름을 대신하는 애칭이라면, '정형돈 돈가스'의 정식 명칭은 '정형돈의 도니도니돈까스'이다. 이름에 정형돈이 들어가고, 패키지에도 정형돈 얼굴이 들어간다. 정형돈의 대표작인 〈무한도전〉에서 정형돈에게 붙여 준 별명은 '미존개오'다. '미친 존재감, 개화동 오렌지족'이라는 뜻인데, 도니도니돈까스에서도 정형돈은 '미친 존재감'을 자랑한다. 돈가스 제조사도, 홈쇼핑사도, 소비자들도 도니도니돈까스는 정형돈 때문에 성공했다고 입을모은다.

하지만 이 제품이 정형돈의 이름에 '돈'자가 들어가고, 정형돈이 돈가스를 잘 먹는 뚱보의 이미지여서 성공했다고 연결 짓는 것은 1차원적인 분석이다. 도니도니돈까스는 개그맨 정형돈이 주는 '즐거운 이미지'를 팔았다. 돈가스를 판매하는 홈쇼핑 방송은 코미디 프로그램보다 더 웃게 만들었고, 돈가스를 홍보하는 인터넷 사이트는 웹툰보다 더 재미있게 구성했다. 고객이나 언론에도 유쾌하게 반응하며 '즐거움'이라는 일관된 이미지를 발산했다. 즐겁게 돈을 쓰기 위해, 행복하게 먹기 위해 돈가스를 사는 사람들에게 국산 돼지고기, 두꺼운 통등심, 고급 빵가루 등의 표현은 부차적인 문제였다.

재미있는 돈가스를 만들다

정형돈은 요즘 가장 재미있는 개그맨으로 통한다. 정형돈의 말 한 마디에 사람들은 폭소를 터뜨리고, 정형돈의 몸짓에 배꼽을 잡는다. 그런 정형돈도 처음부터 웃겼던 것은 아니다. 〈힐링캠프〉라는 토크쇼에 나와 고백했듯, 〈무한도전〉 초창기 정형돈은 '개그맨이지만 웃기는 것 빼고 다 잘하는 캐릭터'로 존재감이 미약했다. 2011년 6월 '도니도니돈까스'가 처음 나왔을 때도 마찬가지였다. 이때까지만 해도 정형돈은 지금처럼 '뭘 해도 웃기는' 개그맨은 아니었다. 오히려 TV 프로그램 속 정형돈보다 돈가스 속 정형돈이 더 재미있었다.

도니도니돈까스를 기획한 EPP는 처음부터 '재미있는 돈가스'를 생각했다. 두툼한 통등심을 쓰고, 일식집에서 사용하는 빵가루를 쓰고, 최고급 치즈를 쓴다 한들, 홈쇼핑을 통해 판매하는 냉동 돈가스는 맛을 내는 데 한계가 있었다. 고객들이 도니도니돈까스 홈쇼핑 방송을 보면서 즐거워하고, 도니도니돈까스 패키지만 봐도 웃을 수 있는 돈가스를 만들고 싶었다.

'즐거운 방송'을 만들고자 했던 생각은 적중했다. 정형돈이 홈쇼핑 방송에 출연한 날에는 공중파 TV보다 높은 시청률을 보이며 매진을 기록했다. 홈쇼핑 방송 중 정형돈이 보인 코믹한 표정과 먹는 모습은 다음날 유튜브와 SNS를 통해 회자되었고, 다음 방송에 대한 기대감을 높였다. 정형돈도 홈쇼핑에 출연해 신들린 코믹 연기를 선보였다. 튀김기를 사은품으로 준다는 내용을 소개할 때는 전기 코드를 본인의 콧구멍에 꽂기도 하고, 돈가스가 맛있다는 것을 표현하기 위해 특유의 '희번덕'한 눈빛을 보여 주기도 했다.

운도 따랐다. 도니도니돈까스 출시 직후 열린 〈무한도전: 서해안 고속도로 가요제〉에서 정형돈이 정재형과 함께 만든 '파리돼지앵'이 인기를 끌며 정형돈에 대한 관심도 높아졌다. 인터넷에서 '정형돈'을 검색하는 횟수가 늘어났고, 도니도니돈까스는 자연스럽게 연관 검색어가 되었다.

도니도니돈까스의 성공으로 홈쇼핑 업계에서 개그맨들의 인기도 치솟았다. 특히 먹성 좋아 보이는 개그맨들은 섭외 1순위였다. 김병만, 컬투, 박준형, 최효종이 본인의 이름을 딴 돈가스를 출시했고, 정준하, 김준현도 스테이크, 핫도그 등 홈쇼핑 음식 판매에 합류했다. 연예인 파워 덕에 일반 식품보다는 판매가 잘 되었지만, 도니도니돈까스만큼 폭발적 인기를 끈 상품은 없다. 일부는 오히려 연예인 수수료를 뺀 후 적자를 본 상품도 있다. 한 홈쇼핑 사 식품 담당 MD는 "다른 연예인 식품은 '재미있는 모델'을 썼을 뿐, 상품 자체나 상품의 스토리가 재미있는 것은 아니었다"고 말했다. 그러나 도니도니돈까스는 '재미'라는 통일된 콘셉트 아래 모든 것을 맞췄다.

공감해야 진짜 스토리텔링이다

도니도니돈까스 홈페이지에 소개된 탄생 스토리는 다음과 같다.

"돈가스를 너무 좋아하던 정형돈은 돈가스를 만들기 위해 돼지를 잡으러 다니던 중 돌멩이에 걸려 넘어진다. 잠시 기절한 그는 하늘에서 돈가스가 내리는 꿈을 꾼다. 상상 속에서 돈가스의 진정한 맛을 발견한 정형돈은 이를 널리 알리고 싶어 '돈신'으로 변신해 도니도니돈까스를 팔게 되었다."

현대카드 정태영 사장은 자신의 트위터에서 "콘셉트와 스토리텔링 과잉의 시대에 억지로 만든 스토리텔링이 넘친다. 스토리텔링을 하고 싶으면 정말 스토리를 가져라"고 했다. 도니도니돈까스의 스토리야말로 억지로 만든 거다. 그럼에도 불구하고 비난받지 않는 것은 정형돈의 부모님이 돼지 사육을 했다는 둥, 정형돈이 일본에 가서 돈가스 장인으로부터 기술을 배워 왔다는 둥, 정형돈이 어릴 적 어머니가 만들어 준 돈가스 맛을 잊지 못해 재현했다는 둥의 '진짜 억지'가 아니라, '재미있는 억지'를 썼기 때문이다. 스토리텔링도 '재미'라는 콘셉트에 충실해서 만들었으니 공감을 끌어낼 수 있었다.

도니도니돈까스는 디자인에 있어 특히 재미 요소를 강조했다. 브랜드 로고는 돼지 한 마리를 심플하면서도 귀엽게 표현해 제품과의 연계성을 높였고, 제품 패키지는 정형돈의 얼굴을 팝아트적으로 변형해 웃음을 자아낸다. 도니도니돈까스를 판매하는 홈페이지는 코믹만화 콘셉트로 꾸몄다. '하늘에서 돈가스가 내린다면'이라는 메인 배너 광고에 마우스를 갖다 대면 화면에 돈가스가 우수수 떨어진다. 어떠한 원료를 써서 어떻게 만든다는 '제품 소개'는 뻔한 특징의 나열이 아니라 '돈신豚神 정형돈이 말하는 4계명'으로 표현해 '~하노라'와 같은 말투를 사용했다.

도니도니돈까스의 코믹 마케팅은 〈무한도전〉에 열광하는 팬을 일컫는 '무도빠'에 이어, '돈가스빠'라는 새로운 팬을 만들어 냈다. 실직으로 돈이 없는데 도니도니돈까스를 먹으면 기운이 날 것 같다는 고객, 결혼 1주년 기념으로 저녁에 아내에게 도니도니돈까스를 튀겨주기로 했는데 아직 배달이 안 왔다며 항의하는 고객 등 돈가스빠들이 만들어 낸 에피소드는 다양하다. 한 고객은 먹을 것이 없어 힘없이 냉동실 문을 열었는데 정형돈이 활짝 웃고 있는 패키지를 보며 기분이 좋아졌다는 감사 메일을 보내기도 했다.

연예인 120퍼센트 활용하기

홈쇼핑에는 연예인 이름을 건 상품이 식품에서 패션, 안마기까지 다양하게 존재한다. 짧은 시간 동안 고객의 눈을 사로잡아야 하는 방송의 특성상 연예인이 참여했다고 하면 시선을 선점하는 데 유리하기 때문이다. 홈쇼핑에 물건을 파는 회사 중에는 자금력이 넉넉지 않은 중소기업이 많아 한 번에 비싼 모델료를 내는 광고보다 판매 금액의 일정 비율을 연예인에게 주는 '수익 배분' 형태가 애용된다. 연예인들도 김태희, 전지현 같은 톱스타가 아닌 이상 광고 수입이 자주 생기는 것이 아니기 때문에, 홈쇼핑을 통해 안정적인 수입을 얻고 싶어 한다.

하지만 홈쇼핑 사업을 하는 연예인이나 중소기업 모두 사업에 대한 이해도가 떨어져 시너지 효과를 내는 것이 쉽지 않다. 연예인 입장에서는 최대한 이름만 빌려 주며 돈을 벌고 싶고, 기업 입장에서는 연예인이 홈쇼핑에 매번 출연해 적극적으로 팔아 주기를 원한다. 대기업이나 대형 광고대행사처럼 철저히 계약서에 기반해 '행사 참여 몇 회, 지면 촬영 몇 회, 영상 촬영 시 몇 시간 이내'와 같은 조항을 두면 깔끔하지만, 홈쇼핑 사업은 연예인이 지인의 소개로 참여하는 경우가 많아 업체가 연예인 눈치 보는 데 급급하다.

개그맨 C씨는 홈쇼핑 방송에 출연하기로 한 날 펑크를 내기도 했고, 탤런트 K씨는 방송에 출연했지만 억지 미소만 짓다가 자료 화면이 나오는 사이 집에 가기도 했다. 그렇다고 업체가 연예인을 계약 위반으로 걸고넘어질 수도 없다. 어차피 되돌려 받을 모델료도 없고, 어떻게든 연예인을 달래 방송에서 최대한 많이 팔아야 하는 운명이기 때문이다.

도니도니돈까스는 정형돈이 돈가스 회사의 사장이라 착각할 만큼 모델 정형돈을 제대로 활용했다.

일단 제품과 모델의 이미지가 잘 맞아떨어졌다. 먹성 좋은 뚱보의 이미지를 갖고 있는 정형돈과 돼지고기로 만든 돈가스는 잘 어울린다.

정형돈의 이름을 연상시키는 브랜드명도 도니도니돈까스의 성공 요인 중 하나다. '장윤정 김치', '김수미 간장게장' 등 대부분의 연예인 상품은 단순히 상품명 앞에 연예인 이름을 수식어처럼 붙였을 뿐이다. 그러나 도니도니돈까스는 정형돈의 '돈'과 돈가스의 '돈'을 영어 형용사처럼 만든 '도니'라는 브랜드명을 개발함으로써 연예인 돈가스에 대한 고객의 인식을 선점했다. 사실 정형돈은 도니도니돈까스 판매 방송에 잘 출연하지 않았다. 총 80번의 방송 중 20번을 나왔으니 네 번 방송하면 한 번 나온 셈이다. 그럼에도 불구하고 사람들은 정형돈이 돈가스 판매에 매우 적극적으로 임했다고 생각한다.

정형돈의 사진을 활용한 다양한 마케팅이 홈쇼핑 밖에서 이루어졌

기 때문이다. 명절에는 한복을 곱게 차려입은 정형돈 사진으로 이메일 뉴스레터를 보내고, 스승의 날에는 카네이션을 든 정형돈 사진으로 배너 광고를 만드는 식이다. 홈쇼핑에서 매진을 한 날에는 왕관을 쓴 정형돈이 감사 트윗을 날리기도 한다. 정형돈이 그때마다 콘셉트에 맞게 광고 사진을 찍었던 것일까? 도니도니돈까스 광고에 사용되는 이미지는 돈가스 출시 1년 전 정형돈이 EPP 관계사의 라면 모델로 활동할 때 찍은 사진들을 합성해서 만든 것이다. 도니도니돈까스는 연예인 이름만 붙였다고 저절로 홍보가 되기를 기다리지 않고, 연예인을 활용해 할 수 있는 일들은 다 해 보았다. 그 결과, 업체와 정형돈은 서로에게 아쉬운 소리를 하지 않으면서도 큰돈을 벌 수 있었다.

제품 없이 아이디어만으로 시작하다

도니도니돈까스는 상품을 이미 만들어놓고 어울리는 연예인 모델을 찾는 일반적인 방식과 달리, 처음부터 정형돈을 염두에 두고 만들어진 상품이다. 개그맨 정형돈과 친분이 있던 EPP의 김충범 대표는 정형돈을 모델로 한 돈가스를 생각했다. 정형돈의 먹보 이미지와 이름 끝에 들어가는 '돈'이라는 글자가 자연스럽게 돈가스를 떠올리게 했다. 김 대표는 홈쇼핑 전문 유통 회사인 다호와 함께 아이디어를 구체화시켜 나갔다. 정형돈도 본인의 어릴 적 별명이 '도니'였다는 아이디어를 보태며 제품 개발에 적극 참여했다.

돈가스는 우리나라 국민들이 외식으로 즐겨먹는 음식 중 하나인데다, 이미 대형마트에서는 통등심에 빵가루를 묻혀 즉석에서 판매하는 포장 돈가스가 주부들 사이에 인기 상품이었다. 일반적인 가정에서 돈가스는 냉동실에 넣어 두고, 반찬거리가 떨어질 때마다 손쉽게 먹을 수 있는 비상식량 중 하나다. 홈쇼핑에서도 돈가스는 꾸준히 판매되는 인기 상품이었다. 도니도니돈까스보다 4개월 먼저 출시된 김병만의 달인돈가스도 방송마다 매진을 기록하며 뉴스를 장식하고 있었다.

정형돈이라는 존재 자체로 눈길을 끌 수는 있지만, 맛까지 담보할 수는 없는 일. 돈가스 제조를 위해 여러 업체와 미팅을 하다 '통등심돈가스'의 콘셉트를 잡았다. 당시 홈쇼핑 돈가스는 동그랑땡처럼 만든 혼합육 돈가스가 일반적이어서 저가의 이미지가 강했다. 그래서 통등심을 쓰면 단가는 오르겠지만 프리미엄의 이미지로 고객들에게 소구할 수 있을 듯 했다.

홈쇼핑 출시를 준비하던 중 2010년 말 돼지 구제역이 발생했다. 2011년 4월까지 구제역이 확산되면서 돼지고기 값이 폭등했다. 도니도니돈까스는 제조업체가 주축이 돼 만든 상품이 아니라 마케팅 회사가 주체가 돼 만든 연예인 상품이다. 그 말은 수익성이 취약하다는 의미이기도 하다. 홈쇼핑 사 수수료를 빼고 남은 금액을 제조업체, 유통업체, 마케팅 업체, 그리고 정형돈과 나누어야 하는 구조였다.

결국 도니도니돈까스는 경쟁 제품보다 1만 원 높은 가격에 출시가 결정됐다. 가격을 올렸음에도 불구하고 돈가스 제조사인 야미푸드는 단가를 맞추려면 돈가스 한 장당 120g을 넘길 수 없다고 했다. 반면 연예인 돈가스로 직접적 경쟁 상대인 김병만의 달인돈가스는 돈가스 한 장당 140g에, 한 세트가 39,900원에 판매되고 있었다.

주연을 압도하는 조연을 개발하라

고객들에게 하나라도 더 주고, 싸게 팔아야 하는 MD의 입장에서는 답답한 노릇이었다. 가격과 중량의 핸디캡을 극복할 수 있는 '단 하나'가 있어야 했다. 도니도니돈까스는 그 단 하나를 소스에서 찾았다. "돈가스를 늘 소스에 찍어 먹는 소비자 행동에서 착안했습니다. 단가를 크게 높이지 않으면서 상품을 더욱 완벽하게 포장할 수도 있고요." 소스 제조업체인 동원산업 계열사 삼조쎌텍은 오랜 소스 개발 노하우를 바탕으로 돼지고기와 파인애플의 궁합을 제안했다. 파인애플이 들어간 소스는 달콤하면서도 튀긴 음식의 느끼한 맛을 잡아줘 돈가스를 더욱 맛있게 했다.

달인돈가스보다 고기 총 중량이 200g 부족하고, 가격이 1만 원이나 높았음에도 고객들은 '특제 소스'라는 이름을 붙인 돈가스 소스에 열광했다. 소스 한 병이 고객들에게 프리미엄한 경험을 선사한 것이다. 특제 소스는 포장 단가를 낮추기 위해 저가의 플라스틱 용기에 담았는데, 소스가 나오는 입구가 넓어 한 번에 많은 양이 쏟아졌다. 하지만 이러한 불편 사항이 오히려 소스를 더 많이 찍어 먹는 소비자 행동을 만들어 냈다. 결국 소스만 따로 구매하고 싶다는 고객들의 요청이 줄을 이어 온라인몰을 통해 '소스 3병 세트'를 출시했다.

특제 소스만 돈가스라는 주연을 압도한 특급 조연이 된 것은 아니다. 정형돈의 연예인 친구들도 '찬조 출연'함으로써 도니도니돈까스의 성공에 중요한 역할을 했다. '형돈이와 대준이'란 이름으로 정형돈과 두 번이나 음반을 발표한 데프콘은 정형돈의 절친으로 유명하다. 정형돈이 방송 밖에서 보이는 수줍은 성격 탓에 공개적인 SNS 활동을 안 하는 데 반해, 데프콘은 트위터를 통해 꾸준히 팬들과 소통해 왔다. 데프콘이 트위터를 통해 올리는 근황, 연예계 소식은 인터넷 뉴스로 늘 화제가 되었다.

데프콘은 도니도니돈까스 2차 홈쇼핑 방송(2011년 7월 19일) 직후 두 번이나 트위터에서 도니도니돈까스를 언급했다. 7월 20일에는 트위터를 통해 주문 내역을 공개했고, 23일에는 직접 돈가스를 조리하는 동영상을 올렸다. 데프콘의 트위터 팔로워는 10만 명이 넘는다. 정형돈이 출연하는 〈무한도전〉의 김태호 PD 역시 트위터 스타로, 팔로워가 60만 명이 넘는다. 김 PD는 도니도니돈까스 2차 홈쇼핑 방송 당일, 정형돈이 출연 중인 홈쇼핑 방송 화면을 사진으로 찍어 실시간으로 "특제 소스 설명 중. 28분 남았으니 어서 주문하세요"라는 글을 올려

돈가스 주문을 독려했다.

데프콘과 김태호 PD의 트위터 중계 바로 다음 방송에서는 14분 만에 준비한 수량이 모두 팔리는 초유의 매진 사태가 발생했다. 당시는 온라인몰 판매도 하기 전이라, '14분 매진'이라는 기록은 도니도니돈까스를 희귀 아이템으로 만들어 버렸다. 그다음 방송에서도 15분 만에 매진이 되면서, 인터넷에는 "도니도니돈까스 구합니다"라는 글이 올라오기도 했다.

"오히려 정형돈이 나서 SNS를 통해 본인의 상품을 판매했으면 역효과가 났을 거예요. '티 나는' 파워블로거들을 동원했어도 마찬가지였을 테고요." 도니도니돈까스의 홍보를 담당하는 EPP의 박현주 팀장은 가장 성공적인 SNS 마케팅으로 데프콘과 김태호 PD의 사례를 들었다.

정형돈은 도니도니돈까스의 최대 고객이기도 하다. 그는 온라인몰을 통해 돈가스를 주문해 주변 지인들에게 자주 선물한다. "연예인 이름을 딴 상품을 판매하다 보면, 이 일을 아르바이트 정도로 여기며 쑥스러워 하는 연예인들이 있어요. 홈쇼핑 방송에 출연도 안 하려 하고, 오히려 주변 사람들이 몰라 주기를 바라는 경우도 있죠. 이런 경우는 100퍼센트 실패한다고 보면 됩니다."

개그맨, 탤런트 등과 여러 차례 연예인 상품을 기획했던 박현주 팀장은 "연예인과 상품의 궁합도 중요하지만, 그 연예인이 얼마나 적극적으로 상품을 홍보할 자세가 돼 있는지도 꼭 살펴봐야 한다"고 말했다. "주변에 연예인 친구가 많은 '인간성 좋은' 연예인도 섭외 1순위예요."

위기를 유머로 극복하다

도니도니돈까스가 짧은 시간 폭발적 인기를 끌자 이를 견제하는 세력이 많아졌다. 특히 2011년 12월 종합편성채널이 개국하면서부터 적은 제작비로도 자극적인 화면 구성이 가능한 식품 정보 프로그램이 우후죽순 생겨났다. 광고에 대한 영향력을 행사할 수 없는 중소기업과 시청률을 끌어올릴 수 있는 연예인 식품은 식품 정보 프로그램의 단골 소재였다. 그런 면에서 '정형돈의 도니도니돈까스'는 최고의 먹잇감이었다.

첫 번째 위기는 〈이영돈 PD의 먹거리 X파일〉이었다. '연예인 식품 이름값 할까?'라는 자극적인 제목이 붙은 이 프로그램은 실상 똑같은 제품인데 연예인 이름이 붙으면서 가격이 높아진다는 내용을 보도했다. 당시 프로그램은 도니도니돈까스를 주 타깃으로 취재를 했으나, 정형돈이 제품 개발에 적극 참여했고, 시중 돈가스보다 비싸지 않다는 점을 강하게 어필하는 바람에 방송은 연예인 김치만 다루며 싱겁게 끝났다.

두 번째 위기는 〈MBC 불만제로 업〉(이하 불만제로)이었다. 이번에는 도니도니돈까스에 들어가는 치즈가 문제였다. '모조 치즈'를 취재하던 불만제로 팀은 "도니도니 치즈돈가스에 들어가는 치즈를 자체 실험을 통해 확인한 결과, 100퍼센트 자연 치즈로 판단하기 어렵다"는 공문을 보내왔다. 반론을 제기하지 않으면 10일 후에 방송을 하겠다는 협박 아닌 협박과 함께.

도니도니 치즈돈가스의 치즈는 풀무원 계열 식재료 공급 업체인 '푸드머스'가 제공했는데, 푸드머스는 '대한제당'이 미국에서 수입한 치즈를 전달할 뿐이었다. MBC의 주장대로 도니도니 치즈돈가스의 치즈가 가짜로 밝혀지면 풀무원, 대한제당도 심각한 타격을 입을 수 있었다.

부랴부랴 치즈의 원산지를 확인한 결과, 야미푸드도 몰랐던 놀라운 사실이 밝혀졌다. 도니도니돈까스에 사용하는 치즈는 미국 다비스코 사가 만든 것으로, 2012년 세계 치즈 대회에서 금메달을 수상한 치즈였던 것이었다. 오히려 불만제로 덕분에 좋은 홍보 거리를 찾아낸 셈이었다. EPP 마케팅팀은 불만제로 방송 전 이를 언론에 터뜨리기로 했다. 그러나 '중소기업이 만든 돈가스에 들어가는 수입 치즈가 수개월 전 세계 치즈 대회에서 금메달을 받은 것이었다'는 내용을 보도해 줄 매체는 없었다.

정형돈으로 유머 스토리를 만드는 데 익숙한 EPP 마케팅팀은 금메달 치즈와 정형돈을 엮기로 했다. 다비스코 본사 사장이 정형돈에게 "당신 덕분에 다비스코의 우수한 치즈가 한국에서 많이 사용되었다"는 내용의 편지를 보내, 정형돈을 미국에 초청하겠다는 내용으로 보도자료를 만든 것이다. 마침 〈무한도전〉 가요제에서 정형돈이 싸이를 패러디한 〈강북멋쟁이〉로 검색어 순위 1위에 오르면서 해당 내용은 "강북 멋쟁이 정형돈, 미국에 초대받다"는 내용으로 좋은 기삿거리가 되었다.

도니도니돈까스 홈페이지에는 '세계 치즈 대회 1등' 금메달을 들고 있는 정형돈의 합성사진을 메인 화면에 배치해 치즈에 대한 논란을 불식시켰다. 자칫 심각하거나 딱딱해질 수 있는 공방이 도니도니돈까스 특유의 '즐거운 마케팅'으로 풀린 셈이다.

웃음이 사라진 돈가스, 그 운명은?

세 번째 위기는 방송이 아닌 검찰이었다. 2013년 박근혜 대통령은 취임하며 '4대 악惡' 척결을 내세웠다. 4대 악은 성폭력, 학교폭력, 가정폭력, 불량 식품이다. 앞의 3대 악은 개인적으로 은밀하게 이루어지기 때문에 적발이 쉽지도 않을뿐더러, 대형 사건이 아닌 이상 적발 시 사회적 파급력도 낮다. 이에 비해 불량 식품은 식품 정보 프로그램이 계속해서 쏟아져 나오는 것만큼이나 찾기도 쉽고, 이슈화하기도 쉽다.

2013년 5월 27일 월요일, 검찰은 경기도 이천의 야미푸드 공장을 갑자기 방문해 돈가스 포장지에 표시된 돼지고기 함량이 실제와 맞는지 확인했다. 검찰은 냉동 돈가스를 흐르는 물에 녹인 후, 돈가스의 튀김옷을 제거해 물기를 짜내 고기의 중량을 측정하는 방법으로 실험을 진행했다. 실험 결과 돈가스육 무게가 포장지에 표시된 중량에 미달한다는 결론이 나왔고, 검찰은 이를 근거로 야미푸드를 기소했다.

검찰의 실험은, 조금이라도 고기를 다뤄 본 사람이나 심지어 가정주부들에게도 어이가 없는 방식이었다. 냉동 돈가스의 튀김옷을 흐르는 물로 제거하고, 이를 손으로 쥐어짜면 등심 자체가 갖고 있는 수분까지 감소할 수밖에 없다. 게다가 등심에 빵가루를 입히는 과정에서 자체 수분을 빼앗기기도 한다. 실적 채우기에 급급한 검찰은 월요일 야미푸드 공장을 방문해 실험한 후, 그 주 금요일 바로 '엄마의 마음을 우롱한 돈가스 제조업체 4곳 적발'이라는 자극적 제목의 보도자료를 언론에 배포했다.

도니도니돈까스측이 미처 손 쓸 틈도 없이 언론은 '도니도니돈까스 함량 속여 팔아'란 제목의 기사를 내보냈다. 인터넷에서 정형돈은 순식간에 불량 식품을 판매하는 사기꾼 취급을 당해야 했다. 야미푸드는 변호사를 섭외해 대응 자료를 만들었으나, 언론에서는 "이에 대해 업체 측은 검찰의 실험 방식에 문제가 있다고 반발했다"는 한 줄 설명만 넣어 줄 뿐이었다.

도니도니돈까스는 1심에서 유죄판결을 받았다. 검찰의 실험 방식에 문제가 있기는 했지만, 포장지에 표시된 중량은 정제수(튀김옷 반죽에 사용된 물)를 제외하고 표시해 소비자를 속였다는 판단이었다. 정제수에 대해서는 식약처에서 뚜렷한 기준을 마련하지 못해 업체에 따라 제각기 표시하고 있다. 어떤 업체는 정제수를 포함한 전체 무게 중 고기 함량을 표시하기도 하고, 어떤 업체는 정제수가 조리 과정에서 증발한 것으로 판단해 정제수를 제외한 전체 무게 중 고기 함량을 표시하기도 한다. 대기업들도 만두나 돈가스 등의 고기 함량을 표시할 때 정제수를 포함하지 않는 것이 일반적이다.

도니도니돈까스는 2심 재판을 진행 중이다. 그러나 2013년 5월 검찰의 수사 이후 1년 넘게 홈쇼핑 방송을 진행하지 못하며 매출이 확 줄었다. 검찰의 무리한 수사라는 억울한 측면도 있었지만, 이런 일이 벌어졌을 때 도니도니돈까스답게 유머로 해결했으면 어땠을까?

처음 사건이 터졌을 때 EPP 내부에서는 "얼마나 흠잡을 것이 없으면 냉동 돈가스 튀김옷을 물로 씻어 낸 후 쥐어짜 함량 미달이라고 했을까?"라며 이번 사건을 역으로 이용하자는 의견도 있었다. 정형돈 특유의 거만한 말투와 표정을 이용해 코믹한 메시지를 만들어 고객들을 안심시키려는 시도도 있었다.

그러나 검찰 수사와 언론의 공세에 대범하게 대응하기에는 도니도니돈까스를 위해 모인 3개 회사—마케팅 회사 EPP, 유통 회사 다호, 제조 회사 야미푸드—는 모두 너무 작았다. 정형돈 또한 공개적으로 억울함을 호소하기에는 이미 벌어놓은 돈이 너무 많았다. 도니도니돈까스는 그렇게 웃음을 잃은 채 재판 결과를 기다리고 있다. 입소문이 난 맛 때문에 온라인몰을 통해 꾸준히 주문이 들어오지만, 홈쇼핑 방송을 할 때에 비해서는 매출이 현저히 떨어졌다.

요즘 인기 있는 개그맨 중에는 각종 사건·사고와 연루돼 잠시 TV를 떠났다가 한참 후 복귀한 사람들이 많다. 그들이 시청자들에게 계속해서 웃음을 주는 비결은 자신의 과오를 개그 소재로 활용해 더욱 내공 있는 웃음을 제공하기 때문이다. 도니도니돈까스의 팬들은 정형돈이, 도니도니돈까스가 '함량 미달' 사건을 개그 소재로 활용해 멋지게 복귀하기를 기다리고 있다. 재판 결과와 상관없이 고객들에게 재미를 주고 새로운 웃음거리를 발굴할 때, 도니도니돈까스의 전성기도 다시 찾아올 것이다.

PART 02
쇼쇼쇼!

고객의 눈을 사로잡아라

HAPPYCALL

제품
시연으로
승부하다

해피콜! 콜센터가 아니다. 홈쇼핑에서 가장 유명한 주방 기구 회사이다. 해피콜이라는 이름은 낯설어도 '양면팬', '다이아몬드 프라이팬'이라고 구체적 상품명을 말하면 '아, 그 회사!'라고 반응할 것이다.

해피콜은 뛰어난 기능을 자랑한다. 디자인도 그런대로 괜찮다. 그렇다고 이 제품이 마트나 백화점에서 다른 브랜드 제품과 나란히 놓였을 때 먼저 손이 갈 만큼 매력적이라고 말할 수는 없다. 그렇다면 해피콜의 성공 비결은 무엇일까? 고객들의 눈과 귀를 즐겁게 한 점에서 그 답을 찾을 수 있다.

소비자들은 우연히 TV 채널을 돌리다 해피콜의 판매 방송에 시선을 고정시킬 수밖에 없다. 프라이팬의 코팅 기술을 자랑하기 위해 비닐봉지를 뜨거운 팬 위에 올려놓고, 냄비 뚜껑의 밀폐력을 보여 주기 위해 찌개가 가득 담긴 냄비를 계단에 던지고 물속에 집어넣는다. 그 와중에 방송 진행자는 쉴 새 없이 떠들며 제품의 기능과 가격 혜택을 이야기한다. 그리고 시청자들의 구매로 이어진다. 마치 남대문 시장이나 백화점 식품 매장을 지나다 우연히 보게 된 제품 시연을 가만히 멈춰서 구경하고 구매까지 하게 되는 상황과 비슷하다.

그런데 이 모든 것은 우연이 아니다. 해피콜은 짧은 시간 동안 고객들의 시선을 사로잡기 위해 1분 1초를 계산해 가며 잘 짜인 각본에 따라 시연한다. 제품을 파는 진행자는 시장에서부터 상품 박람회까지 고객들 앞에서 수년간 제품을 팔아 본 프로들이다.

소비자들이 해피콜의 초강력 마술쇼에 빠져들 수밖에 없는 이유는 또 있다. 해피콜은 홈쇼핑 방송 한 시간을 위해, 아니 고객들이 눈길을 주는 단 3분을 위해 1만 시간의 공을 들인다. 해피콜은 제품 개발 단계에서부터 고객과 최접점에 있는 방송 진행자가 함께 참여해 고객들에게 어필할 수 있는 포인트를 제품에 녹여낸다. 제품이 실제로 판매되기 전에는 계절별, 국가별 식재료를 총동원해 제품이 가장 돋보일 수 있도록 여러 차례 리허설한다.

이러한 철저한 연출과 연기 덕에 해피콜은 홈쇼핑에서 흥행 돌풍을 일으켰다. 2001년 출시된 양면팬은 지금까지 2,000만 개가 넘게 팔렸고, 2007년에 나온 다이아몬드 프라이팬은 1,000만 개가 넘게 팔렸다. 잘 만든 '해피콜 쇼'는 대한민국 밖에서도 통했다. 인도네시아, 태국, 싱가포르 등에서는 해피콜 제품도, 해피콜 방송에 출연하는 진행자도 한류 스타로 통한다. 그 방송에 출연하는 진행자가 연예인이냐고? 바로 해피콜의 창업자인 이현삼 회장이다.

고객의 눈앞에서 증명하라

"그만하세요. 불나요!"

생방송을 진행하던 쇼호스트가 놀라 소리를 지른다. 게스트로 나온 해피콜의 우찬제 이사는 이에 아랑곳하지 않고 불이 활활 타오르고 있는 가스레인지 위에 프라이팬을 뒤집어 놓고 불고기 양념을 들이 붓는다. 프라이팬 뒷면에 찐득한 양념이 까맣게 눌어붙고, 양념액은 프라이팬을 타고 내려와 가스레인지 바닥까지 더럽힌다. 양념이 불에 닿아 불길이 치솟는 순간, 우 이사는 프라이팬에 물을 한 주전자 들이붓는다.

"보세요. 물만 부어도 프라이팬이 깨끗이 닦이죠? 이건 쇼가 아니에요."

본인의 '행위 예술'이 마음에 들었던지 겸연쩍게 한마디 덧붙인다.

"해외 바이어들도 이거 보면 난리 나요."

방송이 나가면서 홈쇼핑 사의 콜센터도 난리가 났다. 일반 프라이팬과 해피콜의 '다이아몬드 프라이팬'을 비교하는 극단적인 실험 장면이 나갈 때마다 고객들의 주문 전화도 빗발친다. 5분간 예열한 두 개의 프라이팬에 비닐 조각을 넣으면 코팅력이 약한 일반 프라이팬에서는 비닐이 녹아 프라이팬에 달라붙지만, 다이아몬드 프라이팬의 비닐은 젓가락으로 가볍게 떼어졌다. 경쾌한 음악 소리에 맞춰 계란 프라이도, 스파게티 소스도 프라이팬 위에서 눌어붙지 않고 뱅글뱅글 돌아다닌다. 프라이팬 뒷면에 유성매직으로 낙서한 후 젖은 행주로 닦아내니 흔적도 없이 깨끗이 사라진다.

결국 방송을 본 고객들의 머릿속에는 해피콜 다이아몬드 프라이팬의 우수한 코팅력이 강하게 각인된다. '백문百聞이 불여일견不如一見'이라 했듯, 우 이사의 화려한 시연 앞에서 해피콜 연구소의 기술력이나 특허 숫자 등의 설명은 필요 없었다.

홈쇼핑을 염두에 두고 시작하다

1999년 설립된 해피콜은 프라이팬, 냄비 등 주방용품으로 유명한 회사이다. 홈쇼핑 주방용품 분야에서 수년째 1위를 기록하고 있으며, 이마트에서도 단독 코너를 갖고 테팔, 실리트 등의 수입 브랜드를 제치고 1위를 차지하고 있다.

해피콜은 2001년 홈쇼핑에 양쪽 면을 뒤집어 가며 쓸 수 있는 '양면 팬'을 들고 혜성처럼 등장한 이후, 지속적으로 획기적인 상품들을 선 보여 왔다. 고급스러움의 대명사인 '다이아몬드'를 프라이팬 코팅에 활 용한 '다이아몬드 프라이팬'과 음식이 식으면서 진공이 되는 통조림 의 원리를 냄비에 적용한 'IH진공냄비' 등이 그렇다. 덕분에 해피콜은 2004년 344억 원이었던 매출이 2012년 1,118억 원, 2013년 1,560억 원 을 기록하며 주방용품 분야의 신흥 강자로 떠올랐다.

해피콜이 급성장한 데에는 홈쇼핑의 역할이 컸다. 하지만 이는 치 밀한 계산에 의한 결과였다. 해피콜의 마케팅은 철저히 홈쇼핑에 맞 춰져 있었기 때문이다. 이현삼 회장이 처음 해피콜을 설립했을 때의 이름은 '에이스 홈쇼핑 주식회사'였다. 1년 뒤 '해피콜'이라는 이름으로 바꾸었지만, 이 역시 홈쇼핑과 밀접한 관련이 있는 이름이다. 당시 홈 쇼핑에서 고객들에게 주문 후 만족도를 묻는 전화를 거는 '해피콜 마 케팅'을 선보이면서 사회적으로 인기를 끈 용어를 회사명으로 선택했 다. 물론 주문 전화가 많이 와 행복한 상황을 꿈꾸며 붙인 이름이기 도 하다.

해피콜의 이현삼 회장은 원래 재래시장에서 주방 잡화를 팔던 상인 이었다. 그는 "내 앞에 모여든 몇 명의 고객이라도 내 이야기를 집중 해 들은 후엔 구매를 하는데, 이를 TV에 나가 하면 수만 명의 고객이 구매를 할 것이라 확신했다"고 말했다.

고객과 직접 마주하며 물건을 팔아 봤던 이 회장은 고객들이 집중

하는 포인트와 구매를 결정하는 포인트를 정확히 알고 있었다. 고객의 혼을 쏙 빼놓는 화려한 시연은 해피콜 방송의 묘미다. 눈으로 놀란 고객이 구매를 결정할 수 있도록, 고객의 귀를 자극하는 멘트도 잊지 않는다.

"(낡아서 코팅이 벗겨진 프라이팬을 가리키며) 옷이 이 정도 되면 입지 않겠죠."

"(기름을 두르지 않고 계란 프라이를 하며) 기름을 많이 두르면 잘 돼요. 근데 건강한 요리를 먹어야죠."

"(프라이팬 뒷면에 눌어붙은 소스를 물로 헹궈내며) 먹는 즐거움도 있지만 설거지하는 괴로움도 있어요."

해피콜은 시청각 매체인 TV 홈쇼핑의 특성을 십분 이해하고 활용하는 회사다.

불만, 공감하게 만든 후 해결책을 제시하다

짧은 시간 동안 사람의 눈을 사로잡는 가장 좋은 방법은 그 사람의 불편한 점을 건드리는 것이다. 그러면 순간 사람들은 '어, 내가 저것 때문에 불편한 것을 어떻게 알았지?'라며 호기심을 갖고 눈길을 주기 시작한다. 해피콜은 이 점에 집중했다. 고객의 불편한 점을 해결하는 방식으로 제품을 개발하고, 제품의 프레젠테이션도 고객 불편 해소에 맞춰서 진행한다.

해피콜을 유명하게 만든 양면팬은 '생선구이'라는 고객들의 불만에서 출발했다. 집에서 생선 굽는 일은 여간 곤혹스러운 게 아니다. 생선을 구울 때 기름이 튀어 주변이 더럽혀지기도 하고, 생선을 뒤집을 때는 눌어붙어 깔끔하게 뒤집어지지도 않는다. 무엇보다 생선 연기와 냄새가 온 집안에 배어 생선 구울 엄두가 나지 않는다.

해피콜은 이 부분에 주목했다. 뚜껑을 덮으면 기름이 튈 염려가 없고, 뚜껑에 실리콘을 넣어 달으면 연기와 냄새가 샐 틈이 없을 것이었다. 문제는 뒤집기. 해피콜은 붕어빵을 만드는 틀에서 아이디어를 얻었다. 뚜껑을 바닥과 똑같이 만들어 어느 쪽이 바닥이고 어느 쪽이 뚜껑인지 구분이 안되게 만들면 되는 것이다. 마치 붕어빵 장수가 틀을 돌려 앞뒷면을 익히는 것처럼 말이다.

제품이 혁신적이었다면, 프레젠테이션은 획기적이었다. 해피콜은 양면팬의 장점을 보여 주기 위해 고객이 집에서 생선을 굽는 상황을 설정했다. 그리고 시연을 통해 불편한 상황들을 해결해 가는 과정을 보여 주었다. 다음은 실제 양면팬 방송의 한 장면이다.

양면팬 판매 방송의 진행자는 먼저 뚜껑이 없는 일반 프라이팬을 예열한 후 기름을 두른다. 그 위에 생선을 올려놓자 '촤악~촤악~' 소리를 내며 기름이 사방에 튄다.

"생선의 물기가 기름을 만나 이렇게 튀는 겁니다. 그뿐인가요? 벌써부터 냄새, 연기 지독하죠?"

순간 시청자들의 공감지수는 최고조에 달한다.

진행자는 이 순간을 놓치지 않는다. 바로 옆에 놓인 해피콜 양면팬으로 자리를 옮긴다. 기름을 두르지 않은 팬에 고등어 한 마리를 얹은 후, "다이아몬드 코팅이 돼 있으니 기름을 두르지 않아도 됩니다.

고등어 자체의 기름만으로 구이가 됩니다"라고 설명한다. 눈으로 보고 있으면서도 쉽게 믿기지 않는다.

이번에는 해피콜 양면팬을 흉내 낸 제품과 해피콜 양면팬을 나란히 가스레인지 위에 올려놓고 각각에 드라이아이스를 넣는다. 그 위에 따뜻한 물을 붓자 드라이아이스에서 하얀 승화 기체가 피어오르기 시작한다. 양면팬 뚜껑을 닫자 유사 제품에서는 뚜껑 사이로 승화 기체가 새어 나왔지만, 해피콜 양면팬은 말짱하다. 냄새와 연기를 고객들이 한눈에 볼 수 있도록 드라이아이스라는 소재로 표현한 것이다.

해피콜은 눌어붙음, 냄새, 뒤집기 등 고객들의 불만을 정확히 꿰뚫은 제품을 만들고, 그 불만이 해소되는 과정을 시연을 통해 증명했다. 고객들은 TV를 보며 문제 해결 과정에 참여하고 있다는 느낌을 받았고, 시연이 끝난 후 내 손에 실제 무기(양면팬)가 없었다는 점을 확인하며 실물을 얻기 위해 주문을 한다.

아이디어 상품으로 데뷔해 스테디셀러로 안착하다

양면팬의 아이디어는 획기적이었지만, 실현하는 데는 어려움이 많았다. 힘들게 팬 2개를 합쳐 양면팬의 형태를 만들었지만, 뒤집을 때 뚜껑 사이로 기름이나 국물이 흘러 나왔다. 이 문제를 해결하기 위해 뚜껑에 실리콘을 설치하는 아이디어를 생각해 냈다. 그런데 이번에는 열에 닿은 실리콘이 녹아내리는 문제가 발생했다. 인체에 무해하면서도 녹지 않는 실리콘 소재를 찾기 위해 미국 다우코닝 사에 의뢰해 특수 실리콘 소재를 주문해 집어넣었다. 이렇게 아이디어가 시장에 나오기까지 꼬박 2년이 걸렸다.

2001년 9월 양면팬은 출시하자마자 대박을 터뜨렸다. 2002년 한 해 동안만 20만 개가 팔렸다. 해피콜 양면팬이 인기를 얻자 경쟁 업체들이 이를 모방한 생선 전문 프라이팬을 출시하기 시작했다. 해피콜은 곧바로 양면팬 2차 개발에 착수했다. 이 회장은 양면팬을 사용해 본 부산 지역 주부들을 대상으로 포커스 그룹 인터뷰를 진행하며 개선 사항을 꼼꼼히 체크했다.

주부들이 지적한 사항은 새로워진 양면팬에 그대로 반영되었다. 양쪽 면의 손잡이를 연결하던 고리는 자석으로 바꿔 편리함과 심미성을 높였고, 요리 중 뚜껑을 열었을 때 물과 기름이 흐르는 것은 하단 팬에 기름받이를 부착해 해결했다. 이후 몇 번의 개선을 통해 컬러도 기존의 레드에서 고급감을 주는 초코브라운으로 바꾸고, 용도에 따라 생선압력팬, 점보그릴팬, 누룽지팬 등으로 다양화했다. 다이아몬드 프라이팬이 출시된 이후에는 다이아몬드 코팅 기술을 양면팬에 적용했다.

지금도 여러 브랜드에서 '직화 은나노', '티타늄 큐빅' 등의 차별화 포인트를 내세워 양면팬을 출시하고 있지만, 소비자들은 두 배나 비싼 해피콜 양면팬을 구매하고 있다. 양면팬은 주방용품 업계의 신인이었던 해피콜을 소비자들에게 각인시킨 좋은 아이디어 상품이었다. 해외 진출 시에도 해피콜은 양면팬으로 먼저 브랜드를 알렸다.

아이디어 상품은 일시적으로 인기를 끌 수는 있지만 일반 프라이팬이나 냄비처럼 꾸준히 팔리는 스테디셀러는 아니다. 어느 정도 팔리고 나면 시장 포화로 매출이 급감한다. 해피콜 역시 2001년 양면팬을 출시하고 얼마 후 어려움을 겪었다. 2003년 매출액이 400억 원을 넘을 정도로 양면팬으로 승승장구했지만 2004년 국내 시장 수요 감소에, 설상가상으로 국세청 세무조사까지 받게 되며 부도 위기를 겪기도 했다.

이 회장은 부산 본사와 공장 부지를 매각한 대금으로 채무를 해결하고 재기에 나섰다. 지난 실수를 되풀이하지 않기 위해 일시적인 인기 상품이 아닌 스테디셀러 제품 개발에 나섰다. 반짝이는 아이디어 상품을 판매하는 회사가 아니라 프라이팬, 냄비 등 주방용품의 본류에서 승부를 걸기로 했다.

이 회장은 2005년부터 2년간 음식이 쉽게 눌어붙지 않고, 코팅력도 우수한 프라이팬 개발에 몰두했다. 부산대 연구진 등 국내외 전문가와 손을 잡고 신제품 개발에 매달렸다. 프라이팬의 핵심 경쟁력인 코팅력을 높이기 위해 긁힘, 마모, 부식에 강한 다이아몬드를 나노화해 프라이팬에 입힌 것이다. 2008년 6월 출시된 '다이아몬드 프라이팬'은 해피콜 재기의 발판이 되었다.

경남 김해의 해피콜 본사에 가면 성인 키의 두 배가 넘는 초대형 다이아몬드 프라이팬이 있다. 500원짜리 동전 크기의 초소형 다이아몬드 프라이팬도 있다. 다이아몬드 프라이팬에 대한 이 회장의 애정이 어느 정도인지 알 수 있는 대목이다.

해피콜의 또 다른 스테디셀러인 '아르마이드 냄비'도 수년간의 연구 개발 끝에 출시됐다. 프라이팬은 고체인 금속 재료를 해머 등으로 두들기거나 기계로 압력을 가해 모양을 만드는 단조 공법을 사용한다. 반면 냄비는 녹인 알루미늄을 거푸집에 붓는 주물 방식으로 만든다. 거푸집의 모양에 따라 다양한 형태의 냄비를 만들 수 있는 장점 때문이다. 그러나 주물 방식은 단조 방식에 비해 알루미늄의 순도가 떨어지고 공기 방울이 많이 생겨 부식이 잘 된다는 약점이 있다. 특히 맵고 짠 찌개를 많이 끓이는 한국인들의 조리 특성상 부식이 빨리 진행된다.

해결 방법을 고민하던 이 회장의 머릿속에 한 가지 생각이 떠올랐다. '배는 소금물인 바다를 지나도 녹슬지 않고 비행기는 구름 사이를 오가도 부식되지 않는다'는 사실이었다. 이 회장이 수소문 끝에 알아낸 비결은 바로 비행기, 선박 등에 쓰이는 '아르마이드 공법'이었다. 이 대표는 바로 원천 기술을 가진 회사를 찾아갔지만 "냄비에는 적용할 수 없다"며 퇴짜를 맞았다. 그는 "직접 하겠다"며 공장을 새로 지어 2010년 비행기와 똑같은 여덟 가지 처리 공정을 거친 '아르마이드 냄비'를 내놨다.

2013년에는 아르마이드 냄비에 진공 뚜껑을 더해 음식을 빨리 익히는 것은 물론, 장기간 보존이 가능하도록 진공 상태를 유지해 주는 '아르마이드 IH진공냄비'를 출시했다. 이 냄비는 영국항공 비즈니스석, LG전자 냉장고 등을 디자인한 영국의 탠저린 사에서 디자인을 맡아 주목을 받았다.

해피콜은 최고의 제품을 얻기 위해 투자를 아끼지 않았다. 코팅력을 높이기 위해 다이아몬드를 사용하고, 부식 방지를 위해 항공기 소재를 채택했다. 사실 항공기 소재는 내구성을 이야기할 때 단골로 사용되는 소재이다. 하지만 소재를 찾고, 소재를 사기 위해 들어간 공만큼 이를 제품 판매에 적극적으로 활용하는 회사는 많지 않다. 탠저린 사의 협업도 마찬가지이다. 홈쇼핑 방송 중 수차례 탠저린 사의 화려한 디자인 경력을 언급하고, 외국인 디자이너들의 회의 모습을 보여 줌으로써 해피콜의 수준을 영국항공, LG전자와 같은 급으로 보이게 했다.

해피콜은 제품 개발의 뒷이야기까지 판매 기술로 연결시키는 영리한 회사이다. 이는 제품 개발 단계에서부터 판매 담당자(홈쇼핑 진행자)가 참여하는 해피콜만의 독특한 개발 시스템에서 기인한다. 많은 회사들이 연구소에서 제품을 다 만든 후 출시 직전 홍보 담당, 영업 담당에게 프레젠테이션을 함으로써 귀한 이야깃거리를 놓치고 있는 것과 비교된다.

소구점을 구체적인 영상으로 표현하라

해피콜 제품이 출시될 때마다 히트 상품이 되는 것은 명확한 한 가지 소구 포인트를 고객들의 머릿속에 비주얼로 강력히 남겼기 때문이다. 양면팬은 '냄새 걱정 없이 앞뒤로 생선을 굽는 프라이팬'으로, 다이아몬드 프라이팬은 '프라이팬 내·외부에 어떤 음식이 닿아도 잘 떨어지는 강력 코팅팬'으로, IH진공냄비는 '흔들어도, 떨어뜨려도, 시간이 지나도 음식이 그대로인 밀폐 냄비'로 명확한 소구 포인트가 있었다. 이를 증명하는 강력한 실험 영상은 해피콜만의 장점이었다.

해피콜은 2010년 연매출 1,000억 원을 돌파하며, 새로운 방식의 마케팅을 선보였다. TV CF를 만들어 당시 최고의 시청률을 기록하던 SBS 드라마 〈시크릿가든〉이 끝난 직후 내보낸 것이다.

"오랜 시간 뜨거운 불을 이겨 내고, 오랜 시간 끓는 기름을 참아 내고, 오랜 시간 어떤 고난도 견뎌 낼 수 있도록. 다이아몬드 코팅으로 오랜 시간 변치 않는 해피콜 프라이팬"이라는 카피와 함께 다이아몬드 조각이 흩날리는 광고였다.

홈쇼핑 방송에서 보던 구체적인 실험 영상이 아니라, 추상적인 이미지 광고였다. 그동안 해피콜 고객들은 해피콜 프라이팬에 다이아몬드가 들어 있어서 구매한 것이 아니었다. 비닐도, 고무도 눌어붙지 않는 강력한 코팅력에 반해 구매한 것이었다. 그러나 이 광고는 마치 고객들이 다이아몬드의 고급스러운 느낌 때문에 해피콜을 구매할 것이라고 예상한 듯 했다. 결국 이 광고는 '〈시크릿가든〉이 끝난 직후 홈쇼핑에서 방송을 하는 것이 나았을 것'이라는 교훈만 남긴 채 곧바로 공중파 채널에서 사라졌다.

스타가 된 재야의 판매 고수들

홈쇼핑 방송의 진행자를 '쇼호스트'라 부른다. 판매하는 제품의 성격에 따라 쇼호스트 두 명이 짝을 이뤄 방송을 진행하는 경우도 있고, 판매 업체에서 섭외한 '게스트'가 출연해 쇼호스트를 지원하는 경우도 있다. 게스트의 역할은 판매하는 상품의 성격에 따라 다르다. 제품에 대한 전문적인 지식이 필요 없는 음식이나 화장품이라면 연예인 게스트가 출연해 맛있게 먹고, 예쁘게 바르는 장면을 연출하면 된다. 건강식품이나 교육처럼 신뢰성이 중요한 상품이라면 한의사나 교사처럼 해당 분야의 전문가가 출연하는 게 도움이 된다.

해피콜과 같은 주방기구 방송은 능숙한 손놀림으로 시연을 하면서 계속해서 말로 설명을 하는 게스트가 필요하다. 그런데 말을 하며 손을 움직이는 게 쉬운 일이 아니다. 그것도 생방송으로 말이다. 해피콜은 수년째 동일한 인물이 방송에 출연해 화려한 시연쇼를 선보이고 있다. 쇼호스트보다 더 오래 방송을 진행하다 보니, 게스트가 호스트를 이끌어 가는 기현상이 벌어진다.

해피콜의 창업자인 이현삼 회장과 방송사업부를 총괄하는 우찬제 이사, 해피콜 부사장 출신으로 현재는 '홈에이스'라는 홈쇼핑 유통 대행사를 운영 중인 최은성 대표가 그 주인공이다. 이 회장은 새로운 상품이 출시되면 첫 방송에 항상 등장하고, 그다음 방송부터는 우 이사와 최 대표가 상품을 나눠서 방송한다.

이 세 사람은 모두 해피콜 창업 전 재래시장과 백화점, 상품 전시회 등에서 직접 고객들을 마주하며 물건을 팔아 본 경험이 있는 판매 고수들이다. 10년 이상 현장에서 고객들과 마주했기 때문에 어떤 부분에서 고객들이 반응하고, 구매를 결정하는지 정확히 알고 있었다.

해피콜의 창업자인 이현삼 회장은 우연히 남대문시장에서 물건을 잘 파는 사람을 보면서 장사를 해야겠다고 결심했다. 이 회장은 그 '장사의 신神'과 일하며 고객의 마음을 사로잡는 비법을 배웠다. 그는 서울에서 부산으로 내려가 부전시장에 터를 잡고 '이현삼식 판매'를 시작했다. 처음에는 주방용품을 소매로 팔다가, 나중에는 직접 공장에 제조를 의뢰해 도매로 팔기도 했다.

"31세에 작은 칼갈이를 만들어 한 달에 1억 원씩 벌었어요. 2년 만에 15억 원을 모았죠."

그렇게 모은 돈으로 1999년 만 33세의 이 회장은 해피콜을 창립했다. 이 회장은 회사 창립 후 2년간 연구 개발 끝에 양면팬을 홈쇼핑에 출시했다. 회사의 대표이지만 홈쇼핑에 직접 출연해 설명을 하는 게스트 역할은 이 회장의 몫이었다. 이 회장은 지금도 신제품 첫 방송은 본인이 직접 홈쇼핑에 출연해 설명하고 시연을 펼친다. 중국, 태국, 인도네시아 등 해피콜이 진출한 나라의 홈쇼핑 방송에도 직접 출연하고 있다. 이 회장은 외국어를 하는 쇼호스트 사이에서 화려한 손놀림

으로 시연을 한다. 그가 시연하는 동안 쇼호스트들이 자국어로 설명을 하고, 생방송이 아닐 경우 이 회장의 음성 위에 성우의 목소리를 입히기도 한다.

홈쇼핑 방송 초창기 이 회장은 경상도 사투리 때문에 방송 출연을 제지당한 적도 있었다. 그러나 요즘은 CEO가 직접 출연해 제품을 파는 모습에 고객들이 신뢰를 느낀다며 홈쇼핑 사에서 먼저 출연을 요청하기도 한다. 이 회장의 잦은 해외 출장으로 국내 홈쇼핑 출연이 필요할 때는 방송사업부 우찬제 이사가 맡고 있다. 2005년 해피콜에 입사하기 전까지 우 이사는 재야의 유명한 세일즈맨이었다.

우 이사는 1989년 롯데백화점에서 채칼을 시연하고 판매하는 판촉사원으로 세일즈의 세계에 입문했다. 그는 하루 종일 고객들 앞에서 양배추, 오이, 당근 등의 채를 썰며 물건을 팔았다. 9,800원짜리 채칼이 평일에는 80개, 주말에는 120개, 세일 때는 250개까지 팔릴 만큼 물건 파는 재주가 좋았다.

판매 기술이 소문이 나면서 그는 스물넷의 나이에 '도깨비방망이(핸드 블렌더)'를 그랜드백화점, 뉴코아백화점 등에서 시연 판매하는 총판권을 따냈다. 당시 도깨비방망이는 홈쇼핑에서 팔리기 전이라 낯선 상품이었다. 그러나 우 이사는 테이블 한 개만 놓고 12만 원짜리 도깨비망망이를 하루 30~50개씩 팔았다. 백화점 내에서 면적당 매출이 가장 높았다. 그렇게 강남의 백화점을 주름잡던 '시연 총각'은 IMF 때, 정부가 중소기업을 살리기 위해 마련한 '중소기업전', '국산품애용전' 등에서 화려한 판매 기술로 또 한 번 주목을 받았다. 2005년 우

이사는 예전부터 알고 지내던 이현삼 회장의 제의로 해피콜에 입사했다. 현재 우 이사는 다이아몬드 프라이팬과 해피콜이 인수한 걸레 브랜드 '캐치맙'의 방송에 출연하고 있다.

해피콜의 또 다른 주력 상품인 양면팬과 IH진공냄비를 홈쇼핑에서 소개하는 사람은 최은성 홈에이스 대표다. 최 대표는 해피콜 부사장 출신으로 현재는 홈쇼핑에 판매되는 상품을 유통 대행하는 벤더 회사를 운영 중이다. 최 대표의 회사가 일반 벤더와 다른 점은 최 대표가 직접 게스트로 방송에 출연한다는 점이다. 최 대표도 우찬제 이사와 마찬가지로 과거 각종 시연 행사에서 뛰어난 판매 기술을 선보였던 재야의 판매 고수 출신이다. 휴롬의 김영기 회장도 최 대표의 판매 화술이 마음에 들어 판매 대행을 맡길 만큼 최 대표는 해피콜 이외의 상품 판매에 있어서도 능력을 인정받았다.

이현삼 회장은 언젠가 세일즈 대학을 만들고 싶다는 이야기를 사석에서 종종 한다. 우리는 아무리 잘 만든 물건도 팔리지 않으면 아무 소용없다는 것을 알면서도 한편으로 세일즈를 무시하는 이중적인 태도를 보인다. 경영학에서조차 세일즈는 존중받지 못한다. 하버드 경영대학원의 MBA 과정에서도 세일즈는 빠져 있다. 경영대학원에서는 주로 마케팅 과목 안에 판매관리 수업을 제공할 뿐 세일즈의 기술을 본격적으로 가르치지는 않는다. 이현삼 회장이 세일즈를 전문으로 가르치는 대학을 만들어 본인의 판매 기술을 전수한다면, 입학 경쟁률이 꽤 높을 것 같다.

주방용품 업계 한류 스타 탄생하다

해피콜은 미국, 중국, 태국, 인도네시아, 대만에 해외 법인을 운영 중이며, 이들 국가를 거점 삼아 세계 21개국에 수출하고 있다. 해피콜은 인도네시아에서 특히 인기가 많은데, 인도네시아 최대 홈쇼핑 사인 레젤Lejel의 힘이 컸다.

레젤은 현대홈쇼핑 MD 출신인 유국종, 박은홍 대표가 인도네시아에 세운 미디어기업으로, 2007년 시작한 레젤홈쇼핑이 모태이다. 인도네시아 현지에서는 삼성만큼 유명한 회사이다. 레젤은 우리나라의 홈쇼핑 히트 상품을 인도네시아에 소개하며 자리를 잡았는데, 그 중심에는 해피콜의 양면팬이 있었다.

이현삼 회장이 해피콜 판매 방송에 직접 출연해 한국식 '쇼'를 보여줄 때마다 인도네시아 시청자들은 열광했다. 신 나는 한국가요가 배경음악으로 나오는 가운데 이 회장이 인도네시아 요리를 선보이면 쇼호스트들은 "미스타 리~" 하며 환호했다.

인도네시아는 동서의 거리가 5,100km나 될 만큼 큰 땅에 다양한 종교와 풍습을 가진 민족이 살고 있는 나라이다. 해피콜은 이슬람교도가 많은 자카르타에서는 돼지고기를 뺀 요리를 선보이고, 힌두교도가 많은 발리에서는 돼지고기 위주의 시연 방송을 함으로써 인도네시아 고객들의 마음을 얻었다. 인도네시아의 홈쇼핑 시청자는 중상류층이어서 고객 평균 주문 단가가 120달러 정도로 높은 편이다. 해피콜 제품의 판매 가격도 국내보다 세 배나 비싸다. 한국에서 3만 원대의 양면팬이 현지에서는 한류 프리미엄 덕에 8~9만 원대에 판매되고 있다.

해피콜은 가사도우미를 두고 살며 요리를 하지 않는 인도네시아의 홈쇼핑 시청자들에게 '엄마의 손길, 아내의 손길'을 소구하며 고객들의 마음을 움직였다. 인도네시아 대통령 영부인이 레젤홈쇼핑을 통해 해피콜을 주문한 일화는 유명하다. 그만큼 인도네시아에서 해피콜은 누구나 사고 싶어 하는 인기 제품으로 꼽힌다. 지난 2012년 서울에서 핵안보정상회의가 열렸을 때 주한 인도네시아 대사가 자국의 대통령과 장관 등 120명에게 선물하기 위해 해피콜의 주방용품을 구매한 것에서도 그 인기를 알 수 있다. 경남 김해에 위치한 해피콜 본사에는 인도네시아 정부 관계자와 상공인들의 견학이 끊이지 않는다.

해피콜은 동남아에서 불고 있는 한류의 덕을 톡톡히 보고 있다. CJ, GS 등의 국내 홈쇼핑 사들이 해외에 진출하며 가장 집중해서 팔고 있는 제품도 해피콜 등 주방용품이다. 국내 홈쇼핑 사들은 해피콜식의 화려한 시연을 경쟁 요소로 보고, 정보 위주의 재미없는 현지 방송과 차별화했다. 해피콜은 2012년 GS샵의 '글로벌 히트 상품' 순위에서 1위를 차지하는 등 국내 홈쇼핑 사의 해외 매출에 효도 상품 노릇을 하고 있다. 한국 드라마를 통해 한국에 대한 막연한 동경을 갖고 있는 동남아 국민들에게 해피콜 사용은 한국식 라이프스타일의 첫걸음인 셈이다.

1시간을 위한 1만 시간의 준비

해피콜은 한 시간의 생방송에서 고객들을 사로잡기 위해 수많은 실험을 진행한다. 계절별, 나라별로 해피콜 주방기구를 가장 돋보이게 할 요리를 개발해 매번 달리 선보인다. 생방송에서 한 치의 실수도 없도록 방송 전 반복해서 주방기구를 태우고 던지며 실험한다. 그런데 아무리 훌륭한 배우가 쇼를 해도 제품에 문제가 있다면 금방 들통이 날 일. 해피콜의 쇼에 고객들이 열광하고, 반복해서 재구매가 일어나는 것은 뛰어난 품질 때문이다. 해피콜의 홈쇼핑 데뷔작인 양면팬은 수많은 시행착오를 거쳐 개발되었고, 출시 후에도 지속적인 업그레이드를 통해 히트 상품이 될 수 있었다.

이현삼 회장과 직원들은 달궈지는 프라이팬 외형만 봐도 요리 재료가 얼마나 익었는지를 안다고 한다. 팬 하나를 개발할 때마다 수십가지 재료를 가지고 수백 번씩 요리를 해 봤기 때문이다. 해피콜이 주방용품 하나를 출시하기 전에 사용하는 음식 재료값만 해도 수천만원에 달한다는 사실은 홈쇼핑 업계에서 유명하다.

그렇게 여러 가지 재료를 가지고 제품의 성능 테스트를 하다가, 그중 일부를 홈쇼핑 화면의 화려한 시연 장면 중 하나로 사용할 뿐이다. 그래서 시연을 보는 이들은 해피콜 제품을 구매할 수 밖에 없다.

생활을 바꾸는 과학

HAAN
한경희생활과학

'주부 한경희'
스토리를
팔다

21세기 들어 대한민국에서 가장 유명한 주부를 꼽자면 한경희생활과학의 한경희 대표를 빼놓을 수 없다. 한 대표는 연매출 1,000억 원 규모의 유명 중소기업 CEO이자, 미국 《월스트리트저널》이 선정한 '주목해야 할 여성 기업인 50명'(2008년)에 포함된 비즈니스 우먼이다.

한경희 대표는 홈쇼핑이 낳은 스타이다. 시청자들이 뭐든지 못하는 게 없는 홈쇼핑 상품의 진정성에 의문을 품기 시작했을 때, 한경희 대표는 사람 냄새를 풍기며 등장했다. '쭈그리고 앉아 걸레질하는 게 불편해 스팀청소기를 개발한 주부'의 이미지로.

한경희 대표, 아니 홈쇼핑 사는 물건이 아니라 스토리를 팔았다. 한경희 대표는 이화여대를 나와(홈쇼핑 사가 구애하는 고학력 주부 소비자), 안정적인 공무원 생활을 접고(신뢰의 아이콘인 공무원), 힘든 물걸레질로부터 벗어나고자(고민 해결사), 직접 스팀청소기를 개발한(진정성 있는) 인물이었다.

스팀청소기나 컴퓨터 바이러스처럼 너무 낯설어 사람들의 관심을 끄는 것이 어려운 상품이라면 사람 이야기로 접근하는 것도 좋은 방법이다. 단, 사람과 제품의 연결 고리가 완벽하고 가슴을 울리는 진정성이 있어야 한다. 한경희생활과학은 발명도 잘하고, 사업도 잘하고, 살림까지 잘하는 한경희 대표의 슈퍼우먼 이미지를 등에 업고 성장했다. 한경희라는 인물에 대한 의존도가 높다는 게 위험요소이기도 하지만, 한경희라는 인물은 이 회사 제품의 분명한 차별화 요소가 되었다.

과거에 비해 한경희 대표에 대한 팬덤이 약해지기는 했지만, 여전히 한경희라는 이름을 붙인 상품은 주부들의 관심을 끌고 있다. 하지만 관심이 높은 만큼 감시의 눈초리도 매섭다. 품질에 조금이라도 문제가 생기면 해당 제품의 문제가 아닌 한경희라는 사람의 문제로 연결되고, 결국은 회사 전체의 문제로 커진다. 그래서 한경희생활과학은 늘 조심스럽다. 그 조심스러움 덕에 회사는 15년 동안 별 탈 없이 성장해 왔다.

홈쇼핑이 낳은 스타, 주부 한경희

1995년 39쇼핑(현 CJ오쇼핑)과 한국홈쇼핑(현 GS샵)은 각각 '뻐꾸기시계'와 '하나로 만능 리모컨'으로 TV 홈쇼핑 방송을 시작했다. 뻐꾸기시계의 첫날 실적은 49개, 하나로 만능 리모컨은 10개도 채 안됐다. 개국 초기 미국 홈쇼핑 채널의 재미없고 유치한 방송을 벤치마킹한 터라 한국의 홈쇼핑 사들은 한동안 소비자들로부터 외면을 받았다.

홈쇼핑이 폭발적으로 성장한 것은 IMF를 거치며 쏟아져 나온 아이디어 상품 덕분이다. 뭐든지 굽는 원적외선 오븐기, 뭐든지 부숴 주는 도깨비방망이, 뭐든지 뽑아 내는 녹즙기까지 초창기 홈쇼핑의 히트 상품은 주로 중소기업이 만든 '만능' 조리 도구였다.

홈쇼핑 시스템이 정착할 무렵, 사람들은 못하는 게 없는 홈쇼핑 상품의 진정성에 의문을 품기 시작했다. 게다가 IMF를 졸업할 때가 되니 '싸다'는 점만 강조하는 저가 상품에 싫증이 났다. 홈쇼핑 사들은 냉장고, 에어컨, 컴퓨터 같은 비싼 물건을 소개하기 시작했다. 그래서 탄생한 히트 상품이 김치냉장고 '딤채'이다. 홈쇼핑 특유의 장기 무이

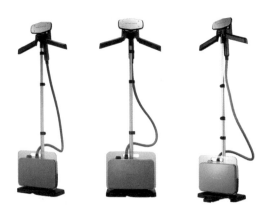

자할부 혜택의 힘을 입고 딤채는 날개 돋친 듯 팔렸다. 그렇게 흥청망청 카드를 긁다가 2003년 카드 대란이 일어났다. 언론에서는 주부들의 카드 소비를 부추긴 원흉으로 홈쇼핑을 지목했다. 홈쇼핑 사들에게 '신뢰'라는 키워드가 절실히 필요한 시점이었다. 홈쇼핑은 생산자인 중소기업에게도, 소비자인 주부들에게도 꼭 필요한 유통 매체임을 알려야 했다.

한경희스팀청소기는 그런 시대의 흐름 속에 탄생한 히트 상품이다. 스팀청소기는 3년의 개발 과정을 거쳐 탄생했지만, 제대로 된 유통 채널을 못 찾아 고생하다가 홈쇼핑을 만나 가치를 인정받은 상품이었다. 한 여성 사회학자가 '입식부엌 이후 남녀평등에 가장 기여한 제품'이라고 극찬할 만큼 주부들에게도 필요한 상품이었다.

홈쇼핑 사들은 '주부가 만든 스팀청소기'에 열광했다. 스팀청소기는 이미 카펫 문화권인 미국과 유럽에서는 익숙한 물건이었지만, 한경희라는 주부가 세상에 없던 제품을 만든 것인 양 찬양했다. 소비자들도 제품에 환호했다. 뜨거운 김으로 깨끗하게 마룻바닥을 닦는 것도 신기했지만, 이런 아이디어 상품을 같은 주부가 개발했다는 데 부러움과 질투심을 함께 느꼈다.

특히 5급 공무원으로 일하며 주말에는 집에서 무릎을 꿇고 걸레질을 하는 워킹우먼이 걸레질을 편하게 하는 방법을 찾다가 만들어 낸 제품이라는 스토리는 여성들의 공감을 샀다. 남편을 대신해 얼굴마담으로 나선 중소기업 사장의 부인도 아니고, 우악스럽게 생긴 억척 아줌마도 아닌 한경희라는 개발자 겸 사장은 제품을 더욱 믿음직스럽게 만들었다.

한경희라는 이름의 자부심과 친근함

회사 이름은 '한경희생활과학', 제품 이름은 '한경희스팀청소기', 게다가 자회사 이름은 '한경희뷰티'이다. 외국에는 P&G(Procter & Gamble), 디즈니 등 창업자의 이름을 건 회사들이 여럿 있지만, 국내에는 아직 '성명 브랜드'가 약하다. 거래소와 코스닥에 상장한 회사 중 창업자의 이름을 딴 회사는 없다(안철수연구소는 2012년 3월 '안랩'으로 사명을 바꾸었다). 한경희생활과학도 처음부터 창업자의 이름을 따서 만들지는 않았다. 한경희 대표가 1999년 처음 회사를 설립했을 때의 이름은 '한영전기'였다. 한영전기는 이후 '한영베스트'로 이름을 바꾸었다가, 2006년 '한경희생활과학'으로 상호를 변경했다.

한경희생활과학의 대표 상품인 스팀청소기의 원래 이름도 처음에는 평범했다. 이지크린, 스티미, 싹스팀 등 스팀과 청소를 연상시키는 여러 가지 이름이 사용되었지만, '한경희스팀청소기'로 제품명이 확정되면서 매출도 수직 상승했다. 한경희 대표는 "우리 회사가 스팀청소기를 만들자마자 국내외에서 유사품이 쏟아져 나와, 차별화 전략의 하나로 내 이름을 내세웠다"고 말했다. 기술력에 대한 자부심의 표현이기도 했다.

'경희'라는 이름은 1960년대 태어난 여성들에게 매우 친숙한 이름 중 하나이다. 대법원이 펴낸 사법부 60년사 '역사 속의 사법부'에 따르면 1968년생 여자 이름 중 경희는 미경, 미숙에 이어 여아 이름 3위에 올랐다. 경희와 비슷한 '영희'가 58년생 여자 이름 중 3위를 차지했으니, 영희와 경희는 10년의 세대 차이가 있는 셈이다.

한경희스팀청소기라는 이름이 처음 나왔을 때는 1960년대 생들이 35~44세로, 홈쇼핑의 주요 고객이었다. 본인과 같은, 혹은 주변 친구와 같은 이름의 또래 여성이 자기 이름을 걸고 만든 제품에 고객들은 무한 신뢰를 보냈다.

외유내강의 끈질긴 도전 정신

한경희 대표에게는 '도전'이라는 단어가 곧잘 따라붙는다. 그녀의 인생 자체가 도전의 연속이었다. 1986년 이화여대 불문과를 졸업한 한 대표는 스위스에 있는 국제올림픽위원회IOC 사무국에서 첫 직장 생활을 시작했다. 대학 때부터 해외 취업의 꿈을 품고 영어와 불어 공부를 열심히 한 덕분이었다. 기사 스크랩 같은 단순 업무에 답답함을 느낀

한 대표는 사표를 내고 미국으로 건너갔다. 낮에는 호텔에서 일하고, 저녁에는 캘리포니아주립대의 경영학 석사MBA 과정을 다녔다.

한경희 대표가 2011년 쓴 자서전을 보면, 그녀는 무언가에 한번 꽂히면 앞뒤 가리지 않고 바로 달려드는 스타일임을 알 수 있다. 미국에서 호텔을 그만두고 부동산회사에 취직했을 때도 마찬가지였다. 한 대표는 미국에서 호텔리어로 근무하던 시절, 자기계발 포럼에 참석했다가 부동산 시장에서 큰 성공을 거둔 일본계 여성 사업가의 강연을 듣게 되었다. 한 대표는 그녀를 바로 찾아가 함께 일해 보고 싶다는 의사를 밝혔다. 여성 사업가는 부동산 경기가 좋지 않아 한 대표가 안정적인 호텔리어를 그만두고 본인 회사에 온다는 게 마음에 걸렸지만, 이미 사표를 낸 한 대표를 말릴 수 없었다.

한 대표는 짧은 부동산 회사 경험을 뒤로 하고, LA의 대형 유통 업체에서 근무했다. 10여 년의 해외 생활 후 한국에 돌아온 한 대표는 외국어 강사 지원 사업 등 그동안 구상했던 몇 가지 사업을 실행에 옮겼다. 사업은 쉽지 않았다. 한 대표는 부모님의 뜻에 따라 5급 공무원 특별채용고시에 도전했고, 당당히 합격해 교육부 사무관으로 일했다. 고시에 합격할 무렵 결혼도 했다.

주말에 밀린 집안일을 하다가 무릎 꿇고 걸레질을 하던 한 대표는 스팀이 나오는 한국식 대걸레를 개발하면 좋겠다는 아이디어가 떠올랐다. 미국 생활 중에 자주 보았던 스팀청소기를 한국 상황에 맞게 개발하면 승산이 있을 것 같았다. 제조업 경험이 전무했지만, 스팀청소기에 꽂힌 한 대표는 바로 교육부에 사표를 내고 회사를 차렸다.

6개월이면 가능할 것 같았던 청소기 개발은 계속 미뤄져 3년이 걸렸다. 집을 담보로 마련한 사업 자금도 모두 탕진한 상황이었다.

우여곡절 끝에 2001년 드디어 스팀청소기를 출시했다. 하지만 반응은 별로였다. 기술에 집중하느라 디자인에 미처 신경 쓰지 못한 탓이었다. 탱크처럼 크고 투박한 디자인과 주부가 들기 힘든 무게를 개선해 다시 시장에 내놓았다. 그 제품에는 당당히 한경희라는 이름을 붙였다. 한 대표 스스로 생각했을 때 어디 내놓아도 부끄럽지 않은 제품이었다.

2003년 한경희스팀청소기라는 이름으로 제품을 판매하면서부터 고객들이 관심을 갖고 제품을 봐 주기 시작했다. 그러나 곧 한경희 제품보다 훨씬 싼 가격의 중국산 유사품이 홈쇼핑에 치고 들어왔다. 게다가 판매 업체는 홈쇼핑 유통을 전문으로 하는 회사였다. 아무리 언론에서 한경희 대표를 인터뷰하고 한경희라는 인물을 띄워도 경쟁사의 가격 공세 앞에서는 당해 낼 수가 없었다.

한 대표의 무작정 도전은 또 빛을 발했다. 한 대표는 2004년 LG홈쇼핑(현 GS샵)에서 '똑소리 살림법'이라는 프로그램을 진행하며 히트 상품 제조기로 불리던 성우 송도순 씨를 찾아갔다. "스팀청소기는 제가 직접 개발부터 참여해 만들어 낸 제품입니다. 제가 걸 수 있는 유일한 기대가 선생님뿐입니다." 한 대표의 '진심'과 '절실함'에 송도순 씨는 '똑소리 살림법'에 한경희스팀청소기를 소개했고, 이는 한경희스팀청소기가 홈쇼핑 히트 상품이 되는 데 결정적인 역할을 했다. 한경희생활과학은 2004년 150억 원의 매출을 올린 데 이어, 2005년에는 일곱 배

가까이 성장한 1,000억 원의 매출을 일으켰다.

2006년 사업은 정점을 찍었다. 한경희 대표 스스로도 "스팀청소기는 더 이상 성공하기 어렵다고 해도 무방할 만큼 큰 성공을 거두었다"고 말했을 정도다. 한 대표는 포화 상태에 이른 국내 시장에서 눈을 돌려 미국 시장을 바라봤다. 미국은 한 대표에게 익숙한 곳이기도 했고, 스팀 청소 문화도 익숙한 곳이었다. 당시 미국에서는 알레르기 질환이 급증하면서 카펫 문화가 서서히 원목 마루 문화로 바뀌고 있었다. 그동안 미국에서 출시된 청소기는 카펫 문화를 바탕으로 하고 있을 테니, 마루용으로 개발한 한경희 제품이 우위를 점할 수 있다고 판단했다.

미국에 지사를 세우고 본격적인 사업을 시작하기 전, 한경희생활과학은 미국 브랜드로 OEM 납품을 했다. 한 대표는 몇 번 거래를 하다 중국의 값싼 제조업체를 찾아 떠나는 바이어를 보며 자체 브랜드의 중요성을 뼈저리게 느꼈다. 그렇다고 한경희라는 매우 한국적인 이름을 갖고 미국에 진출할 수는 없었다. 한경희 대표는 한HAAN이라는 글자만 살려 미국 시장에 도전장을 내밀었다. 국내에서도 회사 이름을 'HAAN한경희생활과학'으로 바꾸고 CI와 BI를 변경했다. 미국 법인 이름은 HAAN CORPORATION이었다.

한경희 대표의 미국 진출에 있어 또한 빠질 수 없는 인물이 세계적인 마케팅 전략가인 알 리스Al Ries다. 우리나라에도 알 리스가 쓴 『마케팅 불변의 법칙』, 『포지셔닝』 등의 책이 번역돼 있다. 20대에 롤모델로 삼은 여성 사업가에게 무작정 함께 일하고 싶다고 하고, 30대에 성우 송도순 씨에게 무작정 도와달라고 한 것처럼, 40대의 한경희 대표는 변함이 없었다. 미국 진출을 준비하던 한 대표는 알 리스가 쓴 책을 읽고 그에게 무작정 이메일을 보냈다. 한 대표는 "미국 시장에 꼭 진출해야만 하는 이유를 정성껏 쓴 메일이 결국 그의 마음을 움직여 만날 수 있었다"고 말했다.

알 리스는 HAAN 로고가 "간결하고 발음할 때 어감이 좋아 브랜드명으로 적합하다"고 칭찬해 한경희 대표를 기쁘게 했다. 알 리스의 딸이자 『마케팅 불변의 법칙』의 공동 저자인 로라 리스_{Laura Ries}는 "HAAN이라는 이름 자체에 굉장한 생명력이 있다"고 했다. 미국 진출을 돕던 현지 에이전트는 HAAN이라는 브랜드 사용에 부정적이어서 한경희 대표와 대립각을 세웠다. 그런데 세계적 마케팅 전략가 부녀父女가 한 대표의 손을 들어 준 것이다.

알 리스의 조언으로 한 대표는 제품의 대표 컬러로 레드를 채택했고, 스팀청소기의 명칭을 'steam mop'에서 바닥 살균 기능을 강조한 'floor sanitizer'로 바꾸었다. HAAN은 미국에서도 홈쇼핑을 주요 채널로 삼았다. 홈쇼핑에서 소구하는 키포인트는 크게 세 가지였다. 첫째, 주부로서의 생생한 경험에서 출발한 제품이라는 점, 둘째, 한국 시장에서 이룬 성공, 셋째, 미국의 생활 방식에 맞춰 업그레이드한 제품 성능이 그것이다.

실제 미국 최대 홈쇼핑 채널인 QVC를 통해 방송되는 HAAN 스팀청소기 방송을 보면 쇼호스트가 '로미 한'이라는 이름을 자주 언급한다. 로미 한은 한경희 대표의 영어 이름이다. 미국 소비자들에게 로미 한의 진심이 통했는지, HAAN은 QVC에서 2008년 800만 달러, 2009년 1,600만 달러의 매출을 기록하면서 QVC가 수여하는 Rising Star상을 받았다.

마니아들이 만든 한경희 효과

한경희생활과학은 매출 다변화를 위해 미국 진출과 함께 국내에서 다양한 상품을 출시했다. 대기업까지 진출해 포화 상태에 이른 스팀청소기를 대체할 제2의 히트 상품을 만들어야 할 상황이었다.

한경희 대표는 우선 '스팀'에서 답을 찾았다. 2006년 한경희생활과학은 옷걸이와 다리미가 일체형으로 돼 있어, 옷을 걸어 둔 채 스팀을 쏘이며 다림질을 할 수 있는 '스탠드형 스팀다리미'를 출시했다. 스팀다리미는 이미 1990년대 국내 중소기업에서 '슈슈다리미'를 출시하며 한바탕 홈쇼핑을 휩쓸고 간 제품이었다. 옷걸이가 일체형으로 된 스탠드형 스팀다리미는 미국 콘에어 사의 제품이 시장을 평정하고 있었다.

그러나 한경희스팀청소기의 열풍이 채 가시기 전에 출시된 한경희 스팀다리미는 이 세상에 처음 나온 것인 양 날개 돋친 듯 팔렸다. GS홈쇼핑에서 진행한 첫 방송에서 3,000대가 팔리며 2억 6000만 원의 판매고를 올렸고, 6개월 만에 150억 원이 넘는 매출을 올렸다. GS홈쇼핑의 조사에 따르면 첫날 한경희스팀다리미를 구매한 고객의 50퍼센트가 홈쇼핑을 통해 스팀청소기를 구매한 고객이었다.

기존의 스팀다리미가 "다리미판 없이 편하게 다림질을 할 수 있다"는 부분에 초점을 맞췄다면, 한경희스팀다리미는 "주부들이 허리를 굽히지 않고 편안하게 집안일을 할 수 있다"는 부분을 소구했다. 물론 "주부들의 마음을 잘 아는 한경희 사장이 개발했다"는 부분도 빠뜨리지 않았다.

2007년 출시된 음식물 쓰레기 처리기도 마찬가지다. 한경희생활과학을 '스팀 전문 가전 회사'라고 생각했던 사람들에게는 당황스러웠지만, 주부 한경희가 청소·설거지·빨래의 '가사 노동 3종' 중 하나에 진출하는 데 어색함은 없었다. 당시 음식물 쓰레기 처리기는 '루펜'이라는 제품이 홈쇼핑을 휩쓸고 있었다. 루펜을 만든 루펜리의 이희자 사장은 가정주부 출신으로 주부들의 고충을 덜어 주었다는 점 때문에 '제2의 한경희'로 불리고 있었다.

'한경희 파워'는 스팀이 아닌 새로운 분야에서도 통했다. 언론에서는 '주부 CEO 대격돌'이라는 이슈로 한경희생활과학의 신제품을 자연스럽게 알렸고, 이미 폭넓은 주부 팬을 확보하고 있는 한 대표에게는 유리한 상황이었다. 한경희 이름만 달면 무조건 사고 보는 주부 팬들이 등장하면서 한경희 음식물 쓰레기 처리기는 시장에 성공적으로 안착하는 듯 보였다. 그러나 한경희 효과가 너무 컸던 탓일까? 아직 기술적으로 완벽하지 않은 음식물 쓰레기 처리기는 언론의 집중 관심과 더불어 집중 공격을 받았다. 음식물 쓰레기 처리 시 발생하는 냄새와 전기세가 논란이 되면서 이 시장에 뛰어들었던 여러 업체들은

'반짝 특수'도 누리지 못한 채 사업을 접어야 했다.

스팀을 벗어나 새로운 분야에 도전!

음식물 쓰레기 처리기로 잠시 외도를 했던 한경희생활과학은 다시 스팀으로 돌아왔다. 그런데 이번에는 가사 노동이 아니라 여가와 관련된 제품이었다. 얼굴에 고온의 스팀을 쐬어 피부에 수분을 공급하고 각질을 부드럽게 해주는 '스팀 테라피'라는 기계였다. 아이디어는 좋았지만 주부들의 고충과는 거리가 멀었다. 집에서 일상적으로 쓰는 제품이라기보다 전문 마사지숍에나 어울릴 만한 기계였다. 이 제품은 홈쇼핑 방송에는 출연도 못 하고, 홈쇼핑 사의 온라인몰에만 등장했다가 금세 자취를 감추었다.

포화 상태인 국내 스팀청소기 시장, 성장은 하지만 거북이 걸음인 해외 스팀청소기 시장을 돌파할 새로운 사업이 필요했다. 스팀 전문 기업을 꿈꾸며 도전했던 '스팀 테라피'는 불발로 끝났지만, 한 대표에게 '미용 산업'이라는 새로운 세계를 학습하는 기회가 되었다. 한경희 대표의 수많은 주부 팬이 화장품을 구매한다면 승부를 걸어 볼 만한 사업이었다. 스팀청소기나 다리미는 부서지지 않는 한, 한 번 구매하면 10년 이상 쓰는 제품이었지만 화장품은 반복해서 재구매가 일어나는 소모품이라 더 매력적이었다.

화장품은 웅진이나 정관장 등 주부 고객을 많이 확보하고 있는 기업들이 쉽게 생각할 수 있는 분야였다. 웅진, 교원, 청호 등 정수기 사업을 통해 방문판매 조직을 갖고 있는 회사들이 화장품 사업에 뛰어들었고, 정관장도 화장품 브랜드를 출시해 매장에서 함께 판매하고 있다.

한경희 대표는 2008년 '에이치케어'라는 법인을 설립하고, 화장품을 개발하기 시작했다. 한 대표는 혁신과 가전이라는 모회사의 특성에 맞게 화장품에 기기를 결합시킨 '스마트 뷰티'를 에이치케어의 캐치프레이즈로 내걸었다. 에이치케어는 2009년 '오앤'이라는 브랜드로 눈 화장 전문 색조 화장품을 출시했다. 열을 이용해 속눈썹을 올려 주는 마스카라와 속눈썹 영양제, 아이라이너, 아이섀도, 리무버, 브러시 등 눈 화장과 관련된 제품을 패키지로 묶어 홈쇼핑에 선보였다. 론칭 3개월만에 28억 원의 매출을 올렸으니 나쁘지 않은 성적이었다. 하지만 비슷한 시기 홈쇼핑 1위 화장품이었던 '조성아 루나'가 3개월간 132억 원의 매출을 올린 것에 비하면 갈 길이 멀었다.

오앤의 두 번째 상품은 '경락 진동 마스크'로, 마스크 표면에 부착한 네 개의 단자가 1분에 5,000~8,000회 가량 피부에 자극을 주면서 경락 마사지 효과를 주는 제품이었다. 당시 에이치케어의 신상품을 접했던 뷰티 담당 기자는 "기술을 화장품에 자꾸 접목하려다 보니, '컬트 화장품' 같은 느낌이었다"고 말했다.

한경희 대표가 화장품 사업을 시작했을 때 그녀는 더 이상 '주부 한경희'가 아닌 '여성 기업가 한경희'였다. 2008년 한 대표는 《월스트리트저널》이 선정한 '주목해야 할 여성 기업인 50명Top 50 women to watch'에 뽑혔고, 2009년 미국의 경제 전문지 《포춘》으로부터 '가장 영향력 있는 여성 서밋'에 한국 대표로 초청을 받았다. '주부 한경희가 주부들의 마음을 이해하고 만든 제품'보다는 '세계적 여성 기업인 한경희가 만든 혁신적인 제품'이 더 필요한 시기였다.

주부의 고민과 혁신을 동시에 담다

스팀청소기와 같이 주부들의 고충을 덜어 주면서 동시에 에이치케어의 혁신성을 보여 줄 수 있는 제품이 절실했다. 히팅 마스카라와 진동 마스크는 독특하기는 했지만 혁신적이지는 않았다. 무엇보다 마스카라와 경락 마사지는 모든 주부들이 일상적으로 사용하는 물건도 아니었고, 사용 시 불편함을 '호소'할 정도도 아니었다.

한동안 주부들의 기억 속에서 멀어졌던 한경희 대표는 10년 전 스팀청소기를 들고 나타났을 때만큼 멋지게 재기한다. 2011년 홈쇼핑과 화장품 업계를 뜨겁게 달구었던 '진동 파운데이션'을 갖고서 말이다.

이번에도 한 대표가 본인의 고민에서 실마리를 찾아 직접 개발했다는 스토리를 들고 나왔다. 스팀청소기가 '쭈그리고 앉아 걸레질하는 게 힘들어서' 개발한 제품이라면, 진동 파운데이션은 '미용실에서 메이크업을 받을 때는 화장이 잘 되는데, 내가 직접 하면 화장이 들뜨는 게 이상해서' 개발한, 좀 더 럭셔리한 탄생 배경을 가진 제품이었다. 일반 주부들은 미용실에 가서 메이크업을 받을 일이 거의 없지만, 방송 출연과 행사 참석으로 전문가에게 메이크업을 받을 일이 많은 한 대표에게는 충분히 가능한 고민이었다.

파운데이션은 화장을 많이 하지 않는 여성들에게도 익숙한 색조 화장품이다. 피부 위에 파운데이션을 발랐는데 각질이 일어나거나 뭉

치는, 소위 '화장이 잘 안 먹는' 것은 여성들의 큰 고민거리다. 화장이 잘 먹어야 얼굴의 잡티나 주름도 가려질 수 있어, 좋은 파운데이션이 야말로 주부들의 고민 해결사 중 하나이다.

진동 파운데이션은 'ON' 버튼을 누르면 기기 안에 들어 있는 액상 파운데이션이 자동으로 퍼프에 묻어나와, 퍼프가 분당 5,000회 가량 진동을 하는 새로운 개념의 파운데이션이었다. 전문 메이크업아티스트들이 파운데이션을 바른 후 손으로 계속 얼굴을 두드려 파운데이션이 피부에 잘 스며들게 하는 데서 착안한 제품이었다.

워낙 특이한 제품이라 반신반의했지만, GS샵을 통해 처음 소개된 방송에서 목표 판매량을 달성했고, 두 번째 방송부터는 매진 사태가 이어졌다. 한경희가 아직 건재하다는 사실을 주부 팬들과 홈쇼핑 사와 언론에 공표하는 상품이었다.

솔루션 프로바이더 '한경희'

진동 파운데이션이 출시된 지 3년이 지났다. 화장품은 여성들의 장난감이라는 말처럼, 언제 이런 제품이 있었냐는 듯 이제는 더 이상 회자되지 않는다. 진동 파운데이션을 기억하는 사람들조차 원조가 한경희인지 '입큰IPKN'인지 기억이 희미하다.

GS샵이 선보인 한경희 진동 파운데이션이 인기를 끌자, 4개월 뒤 CJ오쇼핑에서 이넬화장품과 함께 '입큰 진동 파운데이션'을 출시했다. 한경희 제품이 "샤워 꼭지를 떼어 들고 다니는 것 같다"던 한 기자의 설명처럼 투박한 기계 같았다면, 입큰은 잘 빠진 디자인과 낮은 가격으로 진동 파운데이션 구매를 망설이던 여성들을 사로잡았다.

무엇보다 한경희 제품이 '두드림' 방식을 구현하는 모터로 인해 생산량에 한계가 있었던 데 반해, 입큰은 '떨림' 방식으로 저렴한 단가에 많은 양을 생산할 수 있었다. 한경희 제품이 원조임에도 생산량이 달려 방송 횟수에 제한을 받는 동안, 입큰을 비롯한 전문 화장품 업체들은 물량 공세로 홈쇼핑 히트 상품 자리를 가로챘다. 분당 7,000번, 1만 2,000번 등 진동 횟수 경쟁도 불붙었다.

한경희 대표는 경쟁 업체의 도전을 '한경희'라는 이름으로 극복하고자 했다. 한경희 대표는 2011년 10월 사명을 '에이치케어'에서 '한경희뷰티'로, 브랜드명을 '오앤'에서 '한HANN'으로 바꾸었다. "내 이름을 걸고 세계 최고의 화장품을 만들겠다"는 포부도 밝혔다.

하지만 '한경희스팀청소기'가 나왔던 2000년대 초와 '한경희 진동 파운데이션'이 나온 2010년대 초는 한 대표의 상황도, 홈쇼핑 업계의 상황도 많이 달라져 있었다. 한 대표는 한경희뷰티 외에도 '종합 건강 가전 기업'을 선포한 '한경희생활과학'의 수많은 제품을 신경 써야 할 입장이었다. 홈쇼핑 사들은 이제 믿을 수 있는 유통 채널로 자리 잡아 제2의 한경희, 제3의 한경희를 만들어 내고 있었다.

한경희생활과학과 한경희뷰티는 한경희의 이름을 단 제품을 출시하는 속도를 앞당겼다. 2012년 1월에만 광파오븐기, 에어프라이어, 정수기, 마그네슘 프라이팬 등 네 가지 신제품을 내놨다. 무선주전자, 식품건조기, 스팀찜기 등 한경희생활과학은 무서운 속도로 주방 가전을 쏟아 냈다.

특히 한경희생활과학에서 세계적 히트 상품인 필립스의 에어프라이어를 본 딴 제품이 나오자, 언론에서는 한경희생활과학이 미투상품에 집중한다고 비난했다. 한경희 대표는 회사의 정체성에 대한 공격에 "한경희생활과학은 여성과 가정에 대한 솔루션 프로바이더Solution Provider"라고 반격했다. 어려운 기술이나 높은 가격 때문에 접근이 어려웠던 제품을 소비자들의 니즈에 맞춰 제공하는 것이 솔루션 프로바이더의 역할이라고 했다.

한경희 없는 한경희가 성공하려면?

모든 창업자가 그러겠지만, 한경희 대표 역시 본인이 없어도 영속되는 회사를 만들고 싶어 한다. 한 대표는 "아직은 내 이름을 떼고 사업을 할 상황이 아니다"라고 이야기하지만, 언젠가는 한경희라는 이름을 뗀 회사도 고려하고 있다. 그 언젠가에 대한 물음에 한 대표는 "매출이 1조 원에 달하는 시점일 것"이라고 말했다.

2013년 감사보고서에 따르면 해외 매출과 한경희뷰티의 매출을 제외한 한경희생활과학의 순수 매출은 670억 원이다. 언론과의 인터뷰에서 한 대표는 "나에 대한 과도한 의존 때문에 회사의 매출이 1,000억 원의 문턱을 넘어서지 못하는 것 같다"고 고백했다.

한 대표는 최근 사내 아이디어와 외부 아이디어를 적극 받아들여 제품화하는 '아이디어 크라우드 소싱'에 주목하고 있다. 2013년에 나온 음식 가열기 '히팅쿠커'는 사내 직원들을 대상으로 한 아이디어 경연대회에서 1등을 한 팀이 개발한 제품이고, 자세 교정기인 '백솔루션'

은 중학생들의 아이디어를 받아들여 만들었다.

한경희 대표는 최근 20~30대 대학생과 직장인을 대상으로 한 '직접 만나 보고 싶은 최고경영자' 설문조사에서 여성 CEO 부문 1위를 차지했다. 2위는 호텔신라 이부진 사장이었고, 남성 CEO 1위는 카카오톡을 만든 김범수 의장이었다. 아직 한경희라는 이름이 흥행성이 있다는 증거였다.

한경희 대표가 한창 주목을 받을 때, 언론에서는 그녀를 주부 출신 사업가로 성공한 미국의 마사 스튜어트에 비교했다. 다시 일어서기는 했지만 마사 스튜어트는 한때 주식 관련 스캔들에 연루되며 본인의 이름을 딴 회사까지 어려움을 겪었다.

주부들은 감동도 잘하지만 실망도 잘한다. 칭찬하는 것도 잘하지만, 욕하는 건 더 잘한다. 이런 주부들의 마음을 어루만질 수 있는 제품을 지속적으로 만드는 게 한경희 대표와 한경희생활과학의 숙제이다.

BANG BANG

조용한
관객을
움직이다

뱅뱅은 1970년 국내 최초로 청바지를 만들기 시작해, 1983년 교복 자율화 이후 폭발적인 성장을 한 대표적인 국산 청바지 브랜드이다. 1980~1990년대에 학창 시절을 보낸 지금의 40대들에게 뱅뱅은 조다쉬와 함께 '갖고 싶은 청바지 1위'를 다투었다. '상의는 이랜드, 하의는 뱅뱅'의 시대였다.

1990년대 후반부터 해외 청바지 브랜드가 국내에 소개되면서 뱅뱅은 욕망의 브랜드에서 멀어져 갔다. 학창 시절 뱅뱅에 열광하던 지금의 40대들도 20~30대를 보내며 뱅뱅 대신 다른 청바지 브랜드에 눈을 돌렸다. 그런 40대들이 다시 뱅뱅을 찾고 있다. 복고풍의 유행으로 추억을 소비하는 게 아니라, 현재의 뱅뱅을 알아봐 주기 시작한 것이다. 어린 시절 게스, 캘빈클라인에 빠졌던 30대들도 뱅뱅의 주요 고객이 되었다.

뱅뱅의 부활은 홈쇼핑이 주도했다. 2004년 홈쇼핑에 진출한 뱅뱅은 10년 동안 계속 홈쇼핑의 베스트셀러 순위에서 상위권에 랭크되고 있다. 홈쇼핑에서 뱅뱅은 생산에서 유통까지 걸리는 시간을 최대한 단축해 빠르게 유행을 좇는 대표적 패스트 패션fast fashion 브랜드로 통한다. 흔히 패스트 패션 브랜드는 앞선 디자인 대비 낮은 품질로 고객들의 충성도가 떨어지는 데 반해, 뱅뱅은 높은 재구매율을 자랑한다. 오랜 제조 노하우를 통한 품질 관리와 함께 고객들의 반응을 재빨리 반영한 디자인 덕분이다.

뱅뱅이 새로운 디자인의 옷을 홈쇼핑에 내놓은 후 반응을 확인하는 데는 채 1주일이 걸리지 않는다. 일단 해당 스타일이 인기가 있는지는 생방송을 통해 실시간으로 확인된다. 충동구매가 많은 홈쇼핑의 특성상 반품 비율을 보면 해당 디자인의 성공 여부를 가늠할 수 있다. 고객들이 쓴 상품평과 반품 사유를 통해 개선 사항도 바로 알 수 있다.

반응이 좋은 디자인은 소재와 컬러를 달리해 계속 생산함으로써 히트 상품으로 만들고, 반응이 신통치 않은 디자인은 과감히 생산을 중단하는 것이다. 한때 명품 브랜드로 통했던 뱅뱅은 수입 브랜드의 침공에 그 위상이 많이 떨어졌다. 뱅뱅은 향수에 젖는 대신, 과감히 브랜드 체질을 바꿔 박리다매 전략을 펼쳤다. 세월이 뱅뱅 돌아 다시 30만 원짜리 프리미엄진 대신 3만 원짜리 유니클로진이 각광받는 시대가 왔다. 뱅뱅의 시대가 도래한 것이다.

뱅뱅이론을 아십니까?

2012년 제19대 국회의원 선거가 끝난 후, 패션에 관심이 좀 있다는 한 30대 남성이 《딴지일보》에 정치를 패션에 빗대 풍자한 글을 올렸다.

글쓴이는 세븐진, 디젤 등 수많은 수입 청바지 브랜드가 경쟁하는 요즘, 뱅뱅은 과연 누가 입길래 톱스타를 기용해 광고를 하는지 호기심이 생겼다고 했다. 글쓴이는 본인이나 주변 사람들은 유니클로나 시장표 옷은 입을지언정 뱅뱅은 입지 않는다고 했다. 그런데 글쓴이는 뱅뱅의 연매출이 2,000억 원에 달하고, 여전히 국내 청바지 1위라는 사실에 충격을 받았다.

글쓴이는 "이 땅에는 뱅뱅을 입는 수많은 사람이 있고, 그들의 존재를 새까맣게 모르고 사는 또 다른 수많은 사람들이 있다"는 사실을 환기시키며, '우물 밖 개구리' 이론을 꺼내 들었다. 우물 밖에 있는 개구리는 우물이라는 게 있다는 사실조차 모르지만, 우물 안의 개구리는 최소한 우물 밖에 뭐가 있는지는 안다는 이야기였다.

글쓴이는 우물 밖 개구리를 본인처럼 SNS를 열심히 하는 진보 성향의 유권자, 우물 안 개구리를 총선에서 새누리당이 승리하게 만든 조용한 보수 성향의 유권자에 비유했다. 본인의 정치적 견해를 드러내는 데 뱅뱅을 인용한 게 미안했던지, 글쓴이는 뱅뱅의 '파괴적 점유율'에 대한 나름의 분석을 한다.

"뱅뱅어패럴은 나와 맞는 시장의 일부분만을 바라본 우리와는 달리 시장 전체를 객관적으로 봤다. 그리고 판단했을 거다. 필자 같은 부류를 버리고 나머지를 공략한다. 그리고 그들의 선택은 옳았다. 청바지 브랜드 부동의 1위. 즉, 뱅뱅이론의 틀 안에서가 아니라, 그 틀 전체를 바라보았기 때문에 성공한 거다. 분명 누군가는 프리미엄진의 섹시함을 탐하자고 주장했겠지만, 결국 과감하게 실제로 시장을 지배할 수 있는 전략을 선택했다."

뱅뱅을 입는 우물 안 개구리는 누구?

《딴지일보》의 필자는 나름대로 뱅뱅의 성공 비결에 대한 분석으로 끝을 맺었지만, 뭔가 석연치 않았는지 추신을 남겼다.

"이렇게 말하는 필자는 아직도, 뱅뱅을 그래서 누가 입는지 모르겠다. 이 모든 걸 생각한 바로 지금도, 수많은 사람들 중 누가 뱅뱅에서 옷을 사는지, 그들이 옷을 고르는 기준이 무엇인지 도대체 상상할 수가 없다."

글쓴이는 아마 컴퓨터 앞에 앉아 글을 쓰고, 인터넷 검색을 하느라 TV를 켤 시간이 없었나 보다. TV를 틀면 하루에도 몇 번씩 나오는 홈쇼핑 의류 방송의 많은 시간을 뱅뱅이 차지하고 있다는 사실을 몰랐던 거다. 그리고 글쓴이가 그 방송을 봤다면 분명 전화기를 들고 뱅뱅을 사고 싶은 유혹을 느꼈을 것이다.

《딴지일보》의 필자가 뱅뱅에 대해 편견을 갖는 것도 무리는 아니다. 자라, 유니클로, H&M 등 해외 SPA 브랜드 매장의 시원시원한 인테리어와 광고 비주얼에 익숙한 사람은 뱅뱅 매장에 가면 빽빽하게 걸어놓은 옷들에 숨이 막힌다. 해외 SPA 브랜드 매장에서는 경쾌한 음악에 맞춰 트렌디한 옷차림의 점원들이 고객을 마주하지만, 뱅뱅 매장에는 나이 든 대리점 사장님들이 앉아 있으니 말이다.

그러나 고개를 돌려 홈쇼핑 안으로 들어가 보면 이야기가 달라진다. 세련된 외모의 쇼호스트들이 뱅뱅을 입고 함께 어울리는 코디법을 설명하는 것을 듣노라면 뱅뱅이 유행의 최첨단을 달리는 브랜드처럼 느껴진다.

'3벌에 39,900원' 같은 가격만 보고 뱅뱅이 '잭필드 스타일'의 아저씨 바지만 팔 것이라 착각해서도 안 된다. 오히려 뱅뱅에서는 스키니진, 제깅스 같은 최신 유행 디자인만 선보이고 있다.

뱅뱅을 누가 입는지 궁금하다고? 최소한 뱅뱅 고객의 30퍼센트(뱅뱅 매출의 30퍼센트가 홈쇼핑에서 나온다)는 우물 밖의 최신 유행이 뭔지는 아는 조용한 개구리들이다. 이들은 매장 앞에 줄을 서 옷을 사지도 않고, 산 옷을 호들갑스럽게 SNS에 올리지도 않지만, 조용히 수화기를 들어 뱅뱅에 한 표를 보태고 있다.

뱅뱅을 살 수밖에 없는 이유가 존재한다

뱅뱅은 '갑甲 중의 갑'으로 불리는 홈쇼핑 사에서도 귀한 대접을 받는 '을乙'이다. 매출이 잘 나와서이기도 하지만, 홈쇼핑의 시스템을 가장 잘 이해하는 회사로 통하기 때문이다. 뱅뱅은 고객 수요와 시장 상황에 따라 빠르게 제품을 생산해 출시하는 SPA 브랜드의 제조 시스템을 홈쇼핑에 그대로 적용하고 있다.

시즌별로 뱅뱅이 내놓는 스타일만 60개 이상이다. GS샵 트렌드사업 담당 곽재우 본부장은 "뱅뱅은 40년 이상의 오랜 의류 제조 경험으로 디자인부터 제조, 물류까지 어느 한 부분 놓치지 않고 재빠르게 움직이는 게 가장 큰 경쟁력"이라고 말했다. 예를 들어 보자. 2014년 4월 23일 뱅뱅은 CJ오쇼핑과 홈앤쇼핑에서 두 차례 방송을 진행했다. 오후 2시에 진행된 CJ오쇼핑 방송에서는 봄, 여름용 청바지인 '초경량 울트라 스트레치 진'을 판매했다. 다크 네이비, 인디고 블루, 라이트 인디고의 세 가지 색상을 79,900원에 내놓았다. 세 시간 뒤인 오후 5시에는 홈앤쇼핑에서 등산복 겸용으로 입을 수 있는 청바지인 '아웃도어 데님'을 판매했다. 네이비 블루, 인디고, 다크 네이비의 세 가지 색상을 79,900원에 내놓았다.

시즌별, 방송사별로 성격에 맞는 청바지를 제작해 저렴한 가격에 내놓을 수 있는 곳은 뱅뱅뿐이다. 고객 입장에서는 '계절이 바뀌었으니까', '유행이니까', '등산갈 때 필요하니까', '출근할 때 필요하니까' 등 뱅뱅을 사야 하는 다양한 이유가 존재한다. 거기다 '싸니까'라는 절대적인 이유도 있다. '이렇게 싼데 품질이 괜찮을까?'라는 고민은 '44년 전통의 뱅뱅'이라는 문구로 해소된다. '패션 아이콘'으로서 뱅뱅은 부족할지 모르지만, '신뢰의 아이콘'으로서 뱅뱅은 타의 추종을 불허한다.

욕망을 움직여 지갑을 열게 하다

홈쇼핑에서 뱅뱅을 사는 고객이 저렴한 제품만을 찾는 알뜰족이라고 생각하면 오산이다. 홈쇼핑 사의 고객 데이터베이스를 보면, 뱅뱅 고객 중에는 휴롬이나 고가의 캐비어 화장품을 사는 VIP 고객도 다수 포함돼 있다. 홈쇼핑 사 관계자는 "뱅뱅 구매 고객의 배송처를 보면 서울의 강남권도 꽤 있다"고 한다.

대한민국이 '패션 공화국'이라 불릴 만큼 패션 선진국이 되었다지만, 홈쇼핑의 주고객인 30~40대가 옷을 살 만한 곳은 마땅치 않다. 일단 백화점은 너무 비싸다. 자녀 학비와 생활비의 부담 때문에 본인을 위해 백화점에서 철철이 옷을 살 수 있는 30~40대는 많지 않다. 자라, H&M과 같은 SPA 브랜드의 튀는 디자인과 작은 사이즈를 여유 있게 소화할 만한 근사한 몸매의 30~40대도 많지 않다. 동대문은 갈 시간이 없다. 발품을 많이 팔아야 좋은 옷을 건질 수 있는 동대문에서 20대들이나 패션홀릭들과 경쟁하기엔 지친다. 마트나 시장은 자존심이 상한다. 마트에서 헐렁한 옷을 고르고 있는 모습을 동료나 후

배에게 보이고 싶지는 않다. 인터넷은 너무 복잡하다. 너무 다양해 뭘 골라야 할지 모르겠고, 마음에 드는 옷을 골랐더라도 사이즈나 원단을 일일이 체크하기가 번거롭다. 홈쇼핑은 이런 고민을 덜어 주는 창구이다.

홈쇼핑에서 파는 뱅뱅 바지의 여성용 허리 사이즈는 26~32, 남성용 사이즈는 28~36으로 다양하다. 여성용 상의도 빅사이즈라 할 수 있는 105호(88사이즈)까지 판다. TV와 나뿐인 공간에서 사이즈 때문에 기죽을 필요가 없다. 게다가 쇼호스트들은 계속해서 이 옷이 당신 몸매의 단점을 가려 줄 수 있다고 말한다.

"옆구리에 고무줄 처리 보이시죠? 밥 많이 먹어도 허리띠 풀 필요 없어요."

"이 절개 라인이 고객님의 통통한 허벅지를 날씬해 보이게 합니다."

분명 방송을 진행하는 쇼호스트는 170cm의 키에 50kg의 늘씬한 몸매인데, 그녀의 말을 듣다 보면 그녀 역시 뱃살과 짧은 다리 때문에 고민하는 것과 같은 동질감이 느껴진다. 패션 방송을 진행하는 쇼호스트는 유난히 영어를 많이 쓴다. 특히 컬러를 이야기할 때 한국어를 쓰지 않는 것은 불문율이다. 다즐링 블루, 네이비 블루 등 웬만한 색채 전문가가 아니면 알아듣기 힘들 정도다. 방송 중 트렌드, 스타일, 핏fit과 같은 단어를 듣고 있으면 최신 패션 잡지를 보는 듯한 착각이 든다.

최신 유행의 옷을 당신과 같은 몸매의 사람도 입을 권리가 있다는 부분에서 고객들의 숨어 있는 욕망이 꿈틀대기 시작한다. 그리고 가격 제시. 이렇게 싼값에 살 수 있으니, 죄책감을 갖지 말고 스스로를 꾸미라는 대목에서 욕망은 폭발한다.

못된 언니 판매 방식이 통하는 패션 월드

2013년 GS샵의 판매 1위 제품은 '스튜디오 보니'라는 여성 패션 브랜드가 차지했다. 뱅뱅은 조성아22(화장품), 모르간(핸드백)에 이어 4위였다.

스튜디오 보니는 2007년 백화점 브랜드로 탄생한 '보니 알렉스'의 홈쇼핑 버전이다. 스튜디오 보니와 보니 알렉스를 전개하는 '더휴컴퍼니'는 뱅뱅의 한 사업부에서 분사해 창업자인 권종열 회장의 차남이 대표를 맡고 있다. 뱅뱅이 관계사까지 동원해 홈쇼핑의 패션 부문을 점령했다고 해도 과언이 아니다.

2008년 GS샵에서 첫선을 보인 스튜디오 보니는 백화점 수준의 디자인과 품질은 유지하면서, 가격은 10만 원 내외로 선보여 인기를 얻었다. 2013년 스튜디오 보니는 54만 세트 이상 판매가 됐다. 한 세트가 재킷과 치마, 블라우스 3종 등 여러 벌로 구성되어 있으니 단품으로는 150만 개 가까이 판매된 셈이다.

스튜디오 보니 역시 뱅뱅과 마찬가지로 최신 유행 디자인을 빠르게 기획해 제조한 후 홈쇼핑을 통해 선보이는 다품종 대량공급 방식을 따른다. 뱅뱅처럼 베이직한 아이템보다는 유행을 반영한 여성복 위주로 판매하기 때문에, 스튜디오 보니 방송만 잘 챙겨 봐도 패션 잡지를 볼 필요가 없다.

스튜디오 보니 방송은 전형적인 '못된 언니, 착한 동생'의 판매 방식을 따른다. '못된 언니'는 때로는 독하다 싶을 정도로 상대방에게 거침없이 말하지만, 알고 보면 의리로 똘똘 뭉친 강한 여성을 일컫는 말로, 남자들은 이런 모습에 거부감을 느끼기도 하지만 여성들은 통쾌해한다. 특히 할 말을 늘 참고 사는 소심한 여성들이 이런 '못된 언니'에 열광한다. '못된 여자'라는 노래로도 유명한 가수 서인영이 대표적인 '못된 언니' 캐릭터이다.

압구정동이나 동대문에서 유독 옷을 잘 파는 가게 주인은 전형적인 '못된 언니' 스타일이다. 맘에 드는 옷을 발견했지만 선택을 못 하고 망설이고 있는 고객에게 '기가 세 보이는 옷가게 언니'가 다가온다. 그녀는 소심한 고객에게 이 옷, 저 옷을 들이밀며 좀 더 과감해지라고 윽박지른다.

"이게 뭐가 과감해? 손님 정도면 충분히 소화할 수 있어. 여기에 이 것도 함께 코디해 봐. 10년은 젊어 보이네."

소심한 손님은 매장을 나서는 순간 자신감이 충만해져 양손 가득 쇼핑백을 들고 거리를 활보한다.

이번에는 스튜디오 보니 판매 방송을 보자. 이 브랜드를 유명하게 만든 '에브리데이 7종 티셔츠'는 일곱 가지 컬러의 반팔 티셔츠가 59,000원이었다.

"언제까지 목 늘어난 티셔츠나 입고 있을 거예요? 그런 거 다 갖다 버리고, 상큼하게 매일매일 기분 전환하며 스튜디오 보니 티셔츠를 입어 보세요."

못된 언니의 조언대로 입고 있는 낡은 티셔츠는 과감히 쓰레기통에 버려진다.

한 홈쇼핑 사의 MD는 '못된 언니'야말로 패션, 뷰티 분야 쇼호스트의 중요한 자질이라고 말한다. 홈쇼핑 고객들은 거절을 잘 못하고, 상대방에게 쉽게 동화되는 '착한 동생'의 특징을 갖고 있기 때문에 '못된 언니'의 역할은 그만큼 중요하다는 것. '분당 1억녀'라는 별명으로 유명한 정윤정 쇼호스트나 '하유미팩' 신드롬을 만든 탤런트 하유미 씨 모두 '못된 언니' 콘셉트로 소심한 동생들의 욕망을 자극했다.

반품 해결도 경쟁력이다

홈쇼핑에 진출한 패션 브랜드들이 뱅뱅을 부러워하는 이유에는 탄탄한 제조 기반 외에 재고를 소화할 수 있는 든든한 오프라인 유통 채널도 포함되어 있다.

2013년 공정거래위원회가 발표한 TV홈쇼핑의 판매 수수료를 보면, 남성 캐주얼 39.7퍼센트, 여성 캐주얼 39.4퍼센트, 남성 정장 39퍼센트, 여성 정장 38.7퍼센트의 순이었다. 패션 상품은 반품이나 교환이 많아 마진을 높게 책정할 수밖에 없다는 게 홈쇼핑 사의 설명이다.

홈쇼핑 사에 따르면 의류는 전환율이 50퍼센트에 불과하다. 전환율은 방송 중 주문한 고객이 상품이 배달되기 전에 취소하는 경우와 물건을 받은 후 반품하는 경우를 뺀 순수 주문율을 말한다. 충동구매로 옷을 구매한 후 후회하며 취소하는 경우가 10퍼센트, 옷을 실제로 입어 본 후 사이즈나 디자인 등이 마음에 안 들어 되돌려 보내는 경우가 40퍼센트 정도 된다. 한마디로 방송 중 '매진'이라고 해도 실제로는 50퍼센트만 구매가 이루어진다는 말씀.

반품이 된 옷은 손상 정도가 심하지 않을 경우 다음 방송이나 홈쇼핑 사의 온라인몰을 통해 판매하지만, 워낙 수량이 많다 보니 처리가 만만치 않다. 그렇기 때문에 오프라인에 탄탄한 유통망을 갖고 있는 뱅뱅이 유리할 수밖에 없다.

패션 상품은 왜 이렇게 반품이 많은 걸까? 홈쇼핑도 HD 방송을 시작했고, 성능 좋은 카메라로 줌인을 해서 소재도 꼼꼼히 볼 수 있으며, 심지어 쇼호스트가 "55와 66 중간을 입는 분이라면, 이 상품은 55를 선택하는 게 좋습니다"라고 구체적인 사이즈 설명까지 하는데 말이다. 홈쇼핑 사들도 반품률을 낮추기 위해 철저히 품질 검사를 하기 때문에 바느질이 잘못됐다거나 제품에 하자가 있는 경우는 드물다.

고객들은 '단순 변심'이라 말하겠지만, '시연 모델'과 '실제 모델'의 차이를 언급하지 않을 수 없다. 해피콜 프라이팬은 방송 중에 쓰는 달걀과 집에서 쓰는 달걀이 다르지 않다. 그 말은 방송 중 쇼호스트가 달걀 프라이를 한 결과와 집에서 고객이 직접 달걀 프라이를 한 결과가 다르지 않다는 뜻이다.

반면 늘씬한 몸매에 방송용 메이크업을 한 쇼호스트가 입은 옷과 집에서 택배를 받자마자 꺼내 입은 옷은 느낌이 다를 수밖에 없다. 실망한 고객은 반품을 요구하고, 그럼에도 또 다시 '못된 언니'의 충고에 넘어가 구매하고 반품하기를 반복하다 보면 본인도 모르는 새 '블랙 컨슈머'가 되는 것이다.

고객의 니즈에 충실하라

뱅뱅은 다른 패션 상품에 비해 반품률이 낮은 편이다. 홈쇼핑 사에서는 뱅뱅의 낮은 반품 비결을 "오랜 경험에서 온 고객 데이터베이스의 축적" 덕분이라고 말한다.

뱅뱅이 홈쇼핑에 진출한 지 10년이 되었다. 홈쇼핑은 판매와 동시에 실시간으로 고객 반응을 알 수 있고, 반품 숫자에 따라 해당 디자인이 뜰지 안 뜰지 파악할 수 있다는 게 가장 큰 매력이다. 뱅뱅의 경우 새로운 디자인을 1차로 홈쇼핑에 선보이고, 반응이 별로면 해당 디자인은 과감히 버리고 새로운 디자인을 시도한다. 반대로 새롭게 선보인 디자인에 고객 반응이 좋고 반품률이 낮으면, 그 디자인을 응용한 다른 디자인을 시리즈로 내놔 '카테고리 킬러'로 만든다.

2011년 GS샵 10대 히트 상품 중 1위를 차지한 '뱅뱅 쿠버스 청바지'가 대표적인 예이다. 뱅뱅은 허리 부분에 밴딩 처리가 돼 있어 여성들의 뱃살 고민을 덜어 주는 청바지를 내놓았는데, 고객들의 반응이 뜨거웠다. 뱅뱅은 즉시 컬러를 다양하게 바꾸고, 소재를 달리한 밴딩 청바지를 시리즈로 내놔 밴딩 청바지 부분을 석권했다.

뱅뱅의 홈쇼핑 방송 중 자주 나오는 설명이 '접히는 부분에 주름이 안 생겨요', '숙였을 때 허리가 뜨지 않아요', '아랫배를 눌러줘요', '물빨래가 가능해요'와 같은 실용적인 말이다. 뱅뱅은 10년간의 홈쇼핑 운영 경험을 통해 30~40대 고객들이 가장 신경 쓰는 부분을 잡아내 디자인에 적극 반영한다. 예를 들어 뱅뱅에서 나온 바람막이 재킷은 후드 부분을 넓게 해 머리에 썼을 때 얼굴을 많이 가려 주는데, 이것은 자외선 차단에 예민한 여성들의 고민을 반영한 것이다.

고객의 고민을 하나하나 지적하며 이를 해결할 수 있는 옷을 싼 값에 주겠다는데 한 번쯤 눈길을 주지 않을 수 없다. '설마'하는 마음에 샀는데 품질이 좋으면 재구매가 일어나는 것은 당연하다. '뱅뱅이어서'가 아니라 '옷이 좋아서' 산 사람들이, 품질에 반해 '뱅뱅, 생각보다 괜찮네'라며 입소문을 낸 게 벌써 10년이다.

홈쇼핑용 '프리미엄 진'의 등장

홈쇼핑에서 뱅뱅과 자주 비교되는 브랜드로 '닉스'가 있다. 뱅뱅이 1980년대를 주름잡았던 브랜드라면, 닉스는 1990년대를 휘어잡았던 청바지 브랜드이다. 전성기를 누린 시대는 달랐지만, 이들은 모두 과거의 영광을 뒤로 하고 유행과 멀어진 브랜드라는 공통점이 있다.

닉스는 1990년대 중반 '고소영진'으로 인기를 끌면서 순수 국산 브랜드로 고가 청바지 시장을 석권했다. 그러나 모회사의 무리한 사업 확장과 수입 청바지의 공세에 적절히 대응하지 못하며 2004년 부도가 났다. 그리고 몇 차례 주인이 바뀌며 현재는 케이브랜즈라는 패션 회사에서 운영 중이다.

닉스가 다시 주목을 받은 건 2009년 9월 홈쇼핑 사업에 뛰어들면서부터다. 각기 다른 컬러와 디자인으로 3종 99,000원에 판매된 닉스 청바지는 첫 방송에서 6,300세트가 매진되며 닉스라는 브랜드가 죽지 않았음을 보여 줬다. 이후 닉스는 홈쇼핑에서 뱅뱅과 경쟁하며 히트 상품 순위의 상위권을 차지했다.

닉스가 뱅뱅과 다른 점은 상표권을 가진 회사가 직접 홈쇼핑 사업을 진행하는 게 아니라, 홈쇼핑 전문 패션 회사가 라이선스 비용을 지불하며 운영한다는 것이다. 닉스 청바지를 홈쇼핑에 판매하는 이앤비는 30년이 넘는 의류 제조 경험과 10년이 넘는 홈쇼핑 영업 경험으로 홈쇼핑 패션 분야에서는 잔뼈가 굵었다. 최근 이앤비는 '까레라진'이라는 청바지를 출시하며 새로운 홈쇼핑 마케팅을 도입해 주목받았다.

까레라진은 이태리의 유명 청바지 브랜드로, 이앤비가 라이선스 계약을 맺어 생산하고 있다. 이앤비는 국내에 인지도가 없는 까레라진을 홍보하기 위해 승무원의 청바지 착용으로 유명한 '진에어'를 공략했다. 그동안 진에어는 '세븐진', '허드슨진' 등 30만~50만 원대의 수입

프리미엄 청바지를 유니폼으로 선택해 이슈가 돼 왔다. 그래서 진에어 승무원들이 선택한 청바지라고 하면 자연스럽게 프리미엄 청바지의 이미지를 갖게 되는 것이다.

2013년 7월 진에어의 취항 5주년 기념식은 새로운 유니폼 발표와 함께 까레라진이 국내에 처음 소개되는 자리였다. 진에어 덕에 엄청난 홍보 효과를 본 까레라진은 여기서 멈추지 않았다. 드라마에서 입는 청바지마다 '완판'을 일으키는 탤런트 김하늘 씨를 모델로 기용했다.

청바지 마니아들은 이 정도 유명세를 치른 브랜드가 도대체 얼마나 근사한 매장에서, 얼마나 비싼 값에 팔릴까 궁금했다. 모두의 예상을 깨고 까레라진이 선택한 매장은 '토요일 저녁 9시 30분 CJ오쇼핑'이었다. 이후 까레라진은 오리털 재킷, 안감에 보온성 소재를 더한 청바지 등을 잇달아 CJ오쇼핑을 통해 방송했다. 홈쇼핑 방송 6개월 뒤 롯데백화점 잠실점에 매장을 열었지만, 단독 매장이 아닌 편집 매장의 한 켠이었다. 까레라진은 롯데백화점 입점 당일, 김하늘의 팬사인회를 개최해 또 한 번 이슈가 되었고, 롯데백화점에 매장이 있다는 사실을 홈쇼핑에서 수시로 언급하였다. CJ오쇼핑에서 파는 까레라진은 2종에 129,000원으로, 3종에 79,000원인 닉스 청바지보다는 비싸지만, 여전히 백화점의 청바지보다는 저렴한 편이다.

패션업체들이 장사가 안 되는 것을 뻔히 알면서도 백화점에 매장을 내고 비싼 가격을 매기는 이유는 브랜드 이미지 때문이다. 까레라진은 홈쇼핑 출시 전 진에어와 김하늘 마케팅으로 브랜드 이미지를 높인 후, 홈쇼핑에서 프리미엄 청바지로 실속을 챙겼다. 홈쇼핑의 높은 판매 수수료와 반품 고객이 걱정이긴 하지만, 한 시간 동안 1만 세트를 판매하며 벌어들인 돈과 홍보 효과를 생각하면 훨씬 경제적인 방법이었다.

매출과 브랜딩, 두 마리 토끼

2000년대 초반 국내 패션 디자이너들은 홈쇼핑에 몰려갔다. 주로 IMF를 겪으면서 백화점에서 퇴출되거나 부도 위기를 겪은 디자이너들이었다. 이들 브랜드의 매출은 패션 잡지에서만 보던 디자이너의 옷을 싼 값에 살 수 있다는 점 때문에 매우 높았다.

그러나 인기는 오래가지 못했다. 홈쇼핑 밖에서는 '선생님'의 권위를 지키고 싶고, 안에서는 돈을 벌어야 하는 입장에서 갈팡질팡하다가 브랜드 이미지만 깎아먹은 경우가 많았다. 현재까지 홈쇼핑에서 10년 넘게 선방하고 있는 디자이너는 송지오 씨와 신강식 씨뿐으로 두 사람 모두 홈쇼핑에 올인했다는 게 특징이다. NS홈쇼핑에서 매년 히트 상품 1위를 기록 중인 '신강식패션'의 신강식 씨는 65세의 나이에도 매번 방송에 출연해 젊은 쇼호스트와 함께 옷을 소개한다.

1세대 홈쇼핑 디자이너 중 돈과 명예를 동시에 거머쥔 케이스로 정욱준 씨를 꼽을 수 있다. 정씨는 쉬퐁 · 닉스 · 클럽모나코 등의 디자인실을 거쳐, 1999년 자신의 브랜드 '론 커스텀'을 출시했다. 가로수길에서 독특한 디자인의 남성복으로 인기를 끌던 그에게 2003년 LG홈쇼핑(현 GS샵)이 합리적 가격의 남성복을 제안했다. 2003년부터 2012년까지 10년간 1,600억 원의 매출을 올린 '론LONE 정욱준'이라는 브랜드였다.

백화점에 따로 매장이 있는 것도 아닌데, 정 씨는 홈쇼핑을 통해 지속적으로 대중들에게 이름을 알렸다. 디자이너 '이름값'이 필요한 신용카드, 화장품 회사 등과 콜라보레이션 상품을 개발한 적도 있다.

홈쇼핑을 통해 모은 돈으로 정 씨는 '준지JUUN.J'라는 브랜드를 만들어 2007년 파리에 진출했다. 파리컬렉션을 통해 해외에서 주목을 받자, 제일모직에서 스카웃 제안을 해 왔다. 현재 정욱준 씨는 제일모직의 상무로 근무 중이고, '준지'는 삼성의 지원을 받아 국내외 고급 백화점에서 판매되고 있다. 정욱준 씨의 옷은 더 이상 홈쇼핑에서 볼 수 없지만, 그가 선후배 디자이너들에게 남긴 영향은 크다. 홈쇼핑을 통해서도 충분히 디자이너의 이름값을 올릴 수 있다는 것을 보여 줬기 때문이다.

최근에는 백화점 중심의 국내 패션 유통 환경에서 좀처럼 판로를 열기 힘든 신진 디자이너들이 홈쇼핑을 판매와 홍보의 수단으로 적극 활용하고 있다. 대량 판매를 통해 수익을 거두는 것은 물론, '연예인의 드레스를 만든 디자이너', '프랑스 패션스쿨 출신의 디자이너'와 같은 수식어가 알려지면서 큰 홍보 효과를 얻을 수 있기 때문이다.

홈쇼핑 사들도 패션 상품의 가치 제고를 위해 디자이너의 패션쇼를 후원하거나 해외 진출을 돕고 있다. 2013년 GS샵은 파리, 런던, 밀라노, 뉴욕 등 세계 4대 패션 도시를 돌며 협업 디자이너 브랜드의 쇼를 진행했다.

뱅뱅 돌아 과거의 영광을 되찾다

뱅뱅은 최근 디자이너 이상봉 씨와 손을 잡았다. 이 씨는 특유의 한국적인 선과 색을 살린 디자인으로 KT&G, LG전자, 행남자기 등 다양한 기업들과의 콜라보레이션 작업을 진행했다. 이상봉 씨의 감성이 묻어난 뱅뱅은 전국의 280여개 뱅뱅 매장과 홈쇼핑을 통해 1년간 선보일 계획이다. 뱅뱅은 그동안 잃어버린 20년을 되찾느라 브랜딩에 신경 쓸 겨를이 없었다. 돈을 벌어 줄어든 외형을 되살리는 게 급했다.

1980년대 교복 자율화 바람을 타고 승승장구하던 뱅뱅은 1990년대 들어서면서 흔들리기 시작했다. 게스, 캘빈클라인, 마리떼프랑소와저버 등 해외 유명 브랜드에 이어 닉스, 스톰, 잠뱅이 등 국내 브랜드까지 가세해 청바지 춘추전국시대가 이어졌다. 뱅뱅은 자연히 사람들의 기억에서 잊혀졌다. 1990년대 초 2,000억 원에 육박하던 매출은 10년 사이에 700억 원 수준으로 곤두박질쳤고, 300개에 달하던 점포 수도 100여 개로 쪼그라들었다.

창업주이자 최고경영자인 권종열 회장은 프리미엄 브랜드와의 직접 경쟁을 포기하는 대신, 중저가 브랜드로 변신을 선택했다. 판매가를 절반 이하로 낮추는 동시에 판매 채널을 백화점에서 홈쇼핑과 가두점으로 바꾸었다. 국내 의류 업체로는 선도적으로 1992년 중국으로 생산 기지를 옮겨 생산비도 낮췄다. 철저한 박리다매 방식을 따르기 위해서였다.

2002년 (판매액 기준) 700억 원이던 매출은 2004년 홈쇼핑에 진출하면서 두 배인 1,400억 원으로 뛰었다. 2010년 뱅뱅은 2,000억 원 매출을 돌파했다. 권종열 회장은 언론 인터뷰에서 뱅뱅 부활의 비결에 대해 "길이 막혔기에 돌아갔다"고 답했다.

1961년부터 동대문에서 청바지 도매 제조업을 하다 뱅뱅을 창업한 권 회장은 여든이 넘은 나이에도 아직까지 직접 디자인부터 영업까지 전 과정을 챙긴다. 홈쇼핑 사에서는 "오너의 빠른 의사 결정 아래 일사분란하게 움직이는 조직이 뱅뱅의 경쟁력"이라고 입을 모은다.

과거의 매출을 되찾기는 했지만, 뱅뱅은 아직 과거의 고객을 되찾지는 못했다. 뱅뱅의 전성기 주요 고객은 10~20대였지만, 현재는 30~40대이다. 유니클로, H&M 등 대형 SPA 브랜드에 빼앗긴 젊은 고객을 되찾기 위해 뱅뱅은 대형 직영 매장 오픈에 심혈을 기울이고 있다. 2014년 3월 서울 종로2가에 250평 규모의 대형 매장을 연 것을 필두로, 전국적으로 100평 이상의 대형 매장 수를 늘린다는 방침이다.

뱅뱅 돌아서 제자리를 찾은 뱅뱅이 이번에는 해외 브랜드와 정면 승부를 해 보려는 듯하다. 30년 전, 뱅뱅 모델 전영록의 포스터를 구하고자 매장 앞에 길게 줄을 섰던 극성 10대들이 이제는 조용한 40대가 되었다.

뱅뱅의 운명은 이제 그들의 자녀 세대에 달렸다. 조용한 뱅뱅의 홈쇼핑 고객들이 자녀 손을 잡고 우물 밖으로 나가도록 만드는 게 뱅뱅의 마케팅 전략이 되어야 할 것이다.

PART 03
만능
엔터테이너!

용도를 재해석하라

Victoria
Scandinavian Soap AB

비누가
아니라
팩입니다

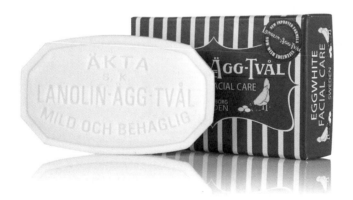

이름은 제품이 성공하는 데 있어 매우 중요하다. 부르기 쉽고, 기억하기 쉽고, 함축적인 의미를 담고 있어야 한다. 그래서 브랜드 전문가들은 '작명은 과학'이라고 말한다.

세계적인 브랜드 컨설팅업체 '인터브랜드'에서 네이밍 작업을 한 '제스프리'라는 키위 이름에는 '상큼한 맛Zest이 영혼Esprit까지 기분 좋게 해 준다'는 의미가 숨어 있다. 거기다 제스프리의 Z는 뉴질랜드New Zealand의 Z를 연상시킴으로써 뉴질랜드산 키위만의 프리미엄 이미지를 강조한다.

만약 제스프리가 오프라인 기반 없이 홈쇼핑에서 먼저 데뷔를 했다면 제스프리라는 이름이 사람들 기억 속에 남았을까? 아마 '뉴질랜드 키위'로만 회자되었을 것이다. 그런 면에서 '스웨덴 에그팩'은 참으로 홈쇼핑스러운 이름이다. 스웨덴이라는 머나먼 나라 이름이 환상을 심어 주고, 달걀이나 계란이 아닌 에그라는 단어를 씀으로써 적당히 고급스러운 느낌을 주었다. 브랜드 회상도 측면에서는 엑셀런트한 이름이다.

그렇다면 '핀란드 애플주스', '룩셈부르크 밀크캔디' 같은 이름이 성공을 보장해 주어야 한다는 이야기인데, 홈쇼핑 세계가 그렇게 단순하지만은 않다. '스웨덴 에그팩' 작명에 숨어 있는 과학은 스웨덴도, 에그도 아닌 '팩'에 있다. 스웨덴에서 수입한 이 제품의 진짜 이름은 'Lanolin Agg Tval'. Lanolin은 보습 효과가 뛰어난 양털기름이고, Agg는 달걀, Tval은 비누라는 뜻이다. 직역을 하지 않더라도 '스웨덴 에그팩'이 아닌 '스웨덴 에그비누'여야 했다.

이 제품은 비누를 팩으로 바꾸면서 운명이 바뀌었다. 가격이 올라가고, 사용 주기가 짧아지고, 고객층이 넓어졌다. 그리고 세상에 없던 혁신 상품이 되면서 히트 상품으로 떠올랐다. 글자 하나가 엄청난 변화를 가져온 것이다.

'솝'이 '팩'이 되는 순간 히트 상품이 되다

Work up a good lather then smooth the foam on the face and neck and let it stay for 5 minutes.

(부드럽게 거품을 낸 후 얼굴과 목에 거품을 펴 바르고, 5분간 두세요.)

"대표님, 이거 비누 맞아요? 왜 비누 거품을 5분간 얼굴에 두래요?"

스웨덴 '빅토리아 스칸디나비안 솝(Victoria Scandinavian Soap, 이하 빅토리아)' 사에서 수입한 달걀흰자 비누의 사용설명서를 번역하던 직원은 5분간 비누 거품을 얼굴에 가만히 둔 후 물로 씻어 내라는 부분에서 의문이 들었다.

일반적으로 비누는 거품을 피부에 문지른 후 바로 씻어 내는 것이 상식이고, 팩은 내용물을 피부에 묻힌 후 성분이 스며들도록 몇 분간 그대로 둔 후 닦아 낸다. 스웨덴에서 온 비누의 사용설명서는 한국식 미용법으로 이해가 되지 않았다.

스웨덴 본사가 정한 사용 방법을 그대로 따르자니 원래 생각했던 한국식 이름 '에그비누' 보다는 에그팩이 더 적합했다. 제품을 수입한 오석진 대표는 이 제품을 '스웨덴 에그팩'으로 할 경우 벌어질 일들을 생각했다.

먼저 제품의 용도가 바뀐다. 비누는 매일 쓰는 일상품이지만, 팩은 어쩌다 가끔 쓰는 '스페셜 케어' 제품이다. 팩은 피부에 특별히 관심을 쏟는 날에만 사용하기 때문에 웬만큼 부지런한 사람이 아닌 이상 한 개를 끝까지 다 사용하는 경우도 드물고 사용 주기도 길다.

그러나 스웨덴 에그팩이라면 이야기가 달라진다. 아무리 팩이라는 이름을 붙여도 생긴 게 비누이니 사람들은 이 제품을 매일 아침저녁으로 사용한다. 팩으로 1주일에 1~2번 더 사용하는 거라 오히려 비누로만 쓸 때보다 사용량이 늘어난다. 화장대가 아닌 세면대에 놓고 쓰니 팩으로 사용하는 횟수도 다른 팩을 쓸 때보다 빈번해진다. 사용 횟수가 늘어나면 재구매 주기가 짧아진다.

그뿐인가? 고객층도 넓어진다. 비누라고 하면 여자들이 외면하고, 팩이라고 하면 남자들이 머뭇거리지만, '욕실에 놓고 쓰는 비누 모양의 팩'이니 남녀노소가 사용할 수 있게 된다.

비누와 팩은 소비자들이 지불하려는 금액에서도 차이가 난다. 팩은 '특별 관리'라는 프리미엄한 이미지가 있어 '일상용품'인 비누보다 높은 가격으로 시장에서 유통된다. 이마트에서 90g짜리 아이보리 비누 3개가 3,000원에 팔리는 데 반해, GS샵에서 50g짜리 스웨덴 에그팩 3개가 24,000원에 팔린다. 8배 이상(낱개 구매시 13,000원) 차이가 나는 셈이다.

무엇보다 홈쇼핑 사에서 비누를 팔겠다고 하면 받아주지 않을 확률이 높다. 받아주더라도 '시중 최저 가격'을 강조하며 물량 공세를 펼치려 할 것이다. 이 모든 것을 계산한 오석진 대표는 회심의 미소를 지었다. 그는 '스웨덴 에그비누'가 아닌 '스웨덴 에그팩'의 성공을 예감했다.

웹사이트를 뒤져 히트 상품을 발견하다

홈쇼핑 MD 출신으로 국내외 상품을 홈쇼핑에 판매하는 유통 회사를 운영하던 오석진 대표는 인터넷을 통해 우연히 스웨덴의 달걀흰자 비누를 발견했다. 구매대행 사이트와 일본의 화장품 사이트에서 입소문을 타기 시작한 비누였다.

"GS홈쇼핑을 그만두고 회사를 설립해 갓 대학을 졸업한 여직원 두 명을 데리고 사업을 시작했어요. 당시 직원들은 출근하면 하는 일이 패션 잡지와 화장품 관련 웹사이트를 뒤지며 괜찮은 아이템을 발견하는 것이었죠."

오 대표는 달걀흰자 비누, 아니 '달걀흰자 팩'의 상품성을 확신했지만, 이 물건을 최종적으로 팔아 줄 홈쇼핑 회사의 의견도 중요했다. 후배인 GS홈쇼핑의 담당 MD도 판매에 자신을 보이며 수입을 권했다. 오 대표는 스웨덴 빅토리아 사 홈페이지에 나온 주소로 이메일을 보내 한국 내 판매 계약을 하고 싶다는 의사를 전했다. 그러나 빅토리아 사는 독점 계약 전 오 대표의 능력을 먼저 확인하고자 했다. 빅토리아 사 입장에서는 당연한 요구였다.

오 대표는 약 1억 원 상당의 제품을 스웨덴에서 수입했다. 홈쇼핑 트렌드와 홈쇼핑 회사에 근무하며 익힌 '히트 상품 공식'에 대한 확신으로 가능한 일이었다. 실제 2007년에는 홈쇼핑 베스트셀러 10위에 화장품이 다수를 차지했고, 특히 모공 관리 화장품인 '글로우스파'가 기초 화장품 분야 베스트셀러가 되며 모공 관리에 대한 관심이 높아진 상황이었다.

달걀흰자는 거품을 내 얼굴에 바른 후 닦아 내면 모공 관리에 좋다는 소문이 있어 가정에서 만들어 쓰는 천연 팩으로 많이 소개되어 있었다. 그러나 달걀을 노른자와 흰자로 분리하고 거품이 흘러내리지 않도록 하는 게 불편해 효능 대비 사용자는 많지 않았다. 시장이 형성되어 있었고, 원료에 대한 민간 효능이 널리 알려진 상태였다. 달걀흰자의 효능에 대해 고객들에게 힘들여 이야기하지 않아도 되고, 고객들의 불편을 해소해 줬다는 점을 강조하면서 그들의 마음을 살 수 있었다.

스웨덴 에그팩은 2007년 7월 GS홈쇼핑을 통해 첫 방송을 했다. 수입한 물량을 100퍼센트 판매하지는 못했지만, 90퍼센트 가까운 판매율을 달성했다. 첫 방송의 효율에 따라 다음 방송의 편성이 결정되는 상황에서, 이 정도면 다음 방송을 기대해 볼 만했다.

스토리로 진입 장벽을 구축하라

스웨덴 에그팩을 판매하기 전까지 오 대표는 종류를 가리지 않고 다른 회사의 제품을 갖다가 홈쇼핑에 파는 일반적인 유통 벤더였다. 현재는 기업들이 홈쇼핑에 대한 이해도 높고, 홈쇼핑 사의 높은 수수료도 부담스러워 자체 유통을 많이 하지만, 몇 년 전만 해도 홈쇼핑은 벤더를 통해 유통하는 게 일반적이었다.

그가 회사를 설립한 후 제일 먼저 한 일은 홈쇼핑에서 팔면 좋을 물건의 목록을 작성해 해당 회사를 찾아가 유통 대행 계약을 맺는 것이었다. '예지미인' 생리대, '레스포삭' 가방 등 오 대표는 다양한 상품을 홈쇼핑에 소개한 후 수수료를 챙겼다.

"업체와 1년 계약을 하기는 했지만, 1년 내내 팔 수 있는 건 아니었어요. 방송을 해서 판매가 시원찮으면 업체가 다음 방송을 안 하겠다고 하는 불안정한 일이었죠."

오 대표는 당시 인터넷 전용 판매로 화제가 되었던 L화장품과 홈쇼핑 유통 대행 계약을 체결했다. 수입 브랜드를 연상시키는 세련된 용기 디자인과 천연 원료를 사용했다는 점 때문에 이 화장품은 홈쇼핑에서 주목을 끌었다.

"품질이나 디자인은 좋았는데 배경 스토리가 전혀 없으니 바로 카피 제품이 쏟아져 나왔습니다." 이 제품은 결국 홈쇼핑 방송을 몇 번한 후 비슷한 제품에 밀려 다시 방송을 하기 어려워졌다. 오 대표가 '스토리가 있는 제품'을 찾아 나서게 된 계기다.

L화장품 판매 경험을 통해 오 대표는 화장품이 주부들을 대상으로 하는 홈쇼핑에서 가장 팔기 적합하고, 수익 구조도 괜찮다는 것을 깨달았다. 그 후에는 배경 스토리가 확실한 화장품에 집중해 브랜드를 찾았다. 오 대표와 직원들은 해외 화장품을 수입하는 구매대행 사이트에 등록된 수백 개의 화장품 브랜드를 일일이 검색해 국내 공식 수입원이 있는지, 탄탄한 브랜드 스토리를 갖고 있는지 확인했다.

오 대표가 주로 이용했다는 구매대행 사이트 '위즈위드'에만 1,000개 가까운 화장품이 등록돼 있다. 이 제품들을 일일이 클릭해 국내 공식 수입원이 있는지, 인터넷 카페 등에서 반응은 있는지, 해외에서도 실제 인기가 있는지 등을 확인하는 일은 쉬운 것이 아니었다. 오 대표는 "그때는 어떻게든 내 브랜드를 찾아야겠다는 생각밖에 없었다"고 했다.

해외 유명 브랜드 수입은 현지 사정에 능통하거나 현지어가 가능한 에이전트만이 할 수 있다고 생각한 사람에게는 어이없는 방법인 일반적인 구글링과 이메일 보내기를 통해 이루어졌다. 쉽지만 아무도 시도하지 않는 방법으로 오 대표는 향후 그에게 큰돈을 벌어다 주는 보물을 찾아냈다. 무데뽀 검색 과정을 거쳐 발견한 에그팩은 100년 역사, 스웨덴 전통 미용법, 왕실 납품 등의 스토리를 갖고 있었다. 오 대표가 꼭 팔고 싶었던 상품이었다.

사업을 시작하기에 적당한 타이밍을 잡아라

스웨덴 에그팩을 처음 수입할 당시 오 대표는 넉넉한 형편이 아니었다. 경남 거창 출신인 오 대표는 사업을 하기 전까지 줄곧 'LG맨'으로 살았다. 그는 서강대 경영학과를 졸업한 후 LG화학 생활건강 부문에 입사, 생활용품 영업을 담당했다. 회장 비서실에서 파견 근무를 한 이후 오 대표는 이제 막 PCS 사업권을 획득한 LG텔레콤으로 자리를 옮겼다. 애사심이 컸던 걸까, IT산업에 대한 꿈이 컸던 걸까. 오 대표는 LG텔레콤 자사주를 무리해서 구입했고, 이는 결국 평범한 샐러리

맨을 부채의 늪에 빠뜨렸다.

"1997년에 LG텔레콤 주식 15,000주를 주당 1만 원에 샀는데, 2000년에 3,800원에 팔았어요. 주식으로 손해본 걸 만회하려고 자꾸 주식을 하다 보니 빚이 수억으로 불어났죠."

오 대표는 LG홈쇼핑(현 GS샵)으로 옮겨 최연소 팀장이 되는 등 승 승장구했지만, 머릿속에는 사업을 해서 큰돈을 벌어 빚을 갚겠다는 생각이 떠나지 않았다. 마흔 두 살, 오석진 팀장은 사표를 냈다.

"샐러리맨이 사업을 하면 처음엔 전에 다니던 회사의 도움을 받을 수밖에 없는데, 임원이 된 후 사업을 하면 부탁하기가 어려워져요. 그런 면에서는 후배나 임원 모두에게 편하게 부탁할 수 있는 '팀장급'이 최적이라고 생각했죠." 법조계에서만 '전관예우'가 있는 게 아니라, 일반 기업에서도 '전관예우'는 존재한다는 이야기다.

오 대표는 퇴직 후 1년간 유통 대행을 하며 번 돈과 친구에게 빌린 돈으로 스웨덴 에그팩을 수입하는 첫 번째 자금을 마련했다.

"내 사업이었고, '이게 안되면 큰일 난다'는 절박함이 있어 최선을 다 했던 것 같아요." 무역에 대해 전혀 몰랐던 오 대표지만 인터넷 검색과 주변 사람들의 조언을 통해 첫 번째 수입을 무사히 마칠 수 있었다.

물론 처음에는 서툰 점도 많았다. 우여곡절 끝에 방송 하루 전날에 야 인천공항에 도착한 비누에는 '스웨덴 제조Made in Sweden'라는 표기가 되어 있지 않았다. 당시 에그팩은 EU 안에서만 판매되고 있었기 때문에 굳이 '메이드 인 스웨덴'을 표시할 필요가 없었다. 결국 공항 물류 창고에서 직원 두 명과 함께 밤을 새워 비누 25,000개에 'Made in Sweden' 도장을 찍고서야 물건을 빼 올 수 있었다.

신뢰로 상대방을 움직이다

'나쁘지 않았던' 첫 방송 덕에 오 대표는 판매 금액을 기반으로 두 번째 수입을 했다. 세 번째 수입부터는 독점 계약을 맺고 '판매 후 결제' 방식을 추진했다. 꼼꼼히 계약서를 작성했지만, 직접 스웨덴에 갈 수는 없었다. 본인 포함 세 명뿐인 회사에서, 대표가 1주일 이상 자리를 비우기 힘든 상황이었다. 영어가 완벽하지 못한 오 대표가 통역까지 데리고 스웨덴에 다녀오는 것도 무리였다.

오 대표는 가까이 지내던 거래처 직원이 마침 결혼을 한다는 소식에 선물로 스웨덴 신혼여행을 제안했다. 영어를 잘하던 그 직원은 오 대표가 빅토리아 사와 이메일을 주고받고 통관 업무를 진행하는 데 도움을 주고 있었다. 빅토리아 사와 계약을 진행하는 데 있어 가장 큰 걸림돌은 결제일이었다. 스웨덴에서 배로 보낸 물건이 한국에 도착하는 데 2개월, 홈쇼핑 방송 후 홈쇼핑 사에서 오 대표 회사로 입금이 되는 데 2개월이 걸렸다. 빅토리아 사 입장에서는 물건을 보낸 후 4개월 후에야 돈을 받을 수 있었다.

"빅토리아 사가 4개월 후 입금이라는 조건을 거부할 줄 알았는데 흔쾌히 오케이하더군요. 모험을 두려워하지 않는 '바이킹 기질'이 이런 거구나 느꼈습니다."

오 대표는 '바이킹 기질'이라 표현했지만, 두 번의 거래를 통해 오 대표와 신뢰를 쌓은 덕분이었다.

빅토리아 사와 정식 계약을 하고 공식 수입원이 되었는데, 홈쇼핑 판매 결과는 좋지 않았다.

"이 제품은 비누도 팩도 아닌 새로운 콘셉트로, 트렌드에 민감하고 바쁜 시간 손쉽게 피부 관리를 할 수 있다는 점을 내세워 직장 여성들에게 먼저 소구되어야 했어요. 그런데 홈쇼핑 사에서는 평일 낮시간에 편성을 하니 판매가 좋을 리 없었죠."

오 대표는 직장 여성들이 많이 보는 늦은 밤 시간이나 일요일 아침 시간에 트렌디한 느낌의 쇼호스트가 스웨덴 에그팩을 팔기를 원했다. 그러나 오 대표의 요구는 받아들여지지 않았고, 계속된 판매 부진에 GS홈쇼핑을 떠나 다른 홈쇼핑 사와 계약을 맺었다.

"현대홈쇼핑과 계약할 때는 딱 두 가지를 요구했습니다. 우리가 정한 쇼호스트가 우리가 정한 시간대에 판매를 해 달라고 했어요." 물론 '슈퍼 갑'인 홈쇼핑 사가 오 대표의 요구를 모두 수용할 리는 없었다. 그래서 오 대표는 '정률제'가 아닌 '정액제'에 과감히 배팅했다.

홈쇼핑 사가 납품 업체로부터 수수료를 받는 방식에는 정률제와 정액제가 있다. 정률제는 판매 금액의 일정 비율을 홈쇼핑 사가 수수료로 가져가는 방식이고, 정액제는 납품 업체가 일정 금액을 내고 방송 시간을 사는 방식이다. 홈쇼핑 사 입장에서는 고가의 잘 팔리는 상품에 대해서는 정률제를 선호하고, 판매 결과에 확신이 없는 상품에 대해서는 정액제를 선호한다.

홈쇼핑에서 판매되는 스웨덴 에그팩 한 세트 가격은 53,000~73,000원 선이다. 정률 방송 시 수수료가 40퍼센트 가까이 되기 때문에, 한 회 방송에서 3,000세트 이상은 팔아야 홈쇼핑 사에 낸 정액 수수료를 건질 수 있었다. 오 대표의 선택은 옳았다. 현대홈쇼핑 첫 방송은 목표 대비 150퍼센트의 판매를 이뤘다. 이후에도 스웨덴 에그팩은 연속 매진이었다. 결국 2009년 GS홈쇼핑에서 다시 오 대표를 찾아왔다. 당신이 원하는 시간대에 원하는 쇼호스트를 배정해 주겠다면서.

"2009년부터 스웨덴 에그팩 열풍이 불기 시작했어요. 스웨덴 본사에서 생산을 못 따라올 정도였죠. 그때부터는 배가 아니라 항공으로 실어 왔는데, 매주 40피트 컨테이너 두 대씩 제품을 싣고 왔어요. 핀에어(핀란드항공)에서도 깜짝 놀라, 아시아 지역 본부장이 감사 인사를 하러 올 정도였죠."

거기다 피부 좋기로 소문난 연예인이 TV 프로그램에서 에그팩으로 매일 세수를 한다고 밝히자 에그팩의 판매는 수직 상승했다. 2010년에는 한 회 방송에 4만 세트가 팔리는 등 에그팩 열풍이 불었다. 쇼호스트가 "고객님, 제발 전화 좀 내려 주세요. 너무 많은 분이 동시에 전화를 주셔서 시스템이 다운되었습니다"라고 하소연했을 정도다.

스웨덴 에그팩이 잘되자 오 대표는 회사 이름도 '하늘소'에서 '빅토리아코리아'로 바꾸었다. 하늘소 시절에는 화장품, 생리대, 주방용품 등 다양한 상품을 홈쇼핑에 판매하는 중개 업체 역할을 했지만, 이제 스웨덴 에그팩 하나에 집중하기로 했다. 스웨덴 빅토리아 사와 한국뿐 아니라 아시아, 러시아까지 전체 사업권을 따내 수출에도 매진하고 있다. 그러나 아직 빅토리아코리아 사의 직원은 여덟 명뿐으로 물류, 배송, 홍보를 전부 아웃소싱하고 있다. 유일하게 아웃소싱하지 않는 거라면 유통이다. 홈쇼핑 유통 회사로 시작해 이 분야에 대해 잘 알고 있기도 하지만, 한때 인터넷 유통 대행을 맡겼더니 가격 관리가 안돼 이미지 실추가 되었던 기억 때문이기도 하다.

"해외의 판매 파트너를 구할 때도 이 부분을 제일 신경 쓰고 있습니다. 우리 제품을 아무 데나 팔아 치우지 않을 것이라는 믿음이 있어야 합니다."

스웨덴의 작은 비누 회사를 화장품 회사로 바꾼 한국 홈쇼핑의 힘
2013년 스웨덴 에그팩은 성분을 추가하고 사용 방법을 간소화한 새

로운 에그팩을 내놓았다. 그동안 고객 불만 사항으로 올라왔던 부분을 개선한 것이다. 피부 당김에 대한 불만은 주성분인 라놀린, 레시틴(달걀 단백질)을 두 배로 강화하고 요거트와 에델바이스 성분을 추가함으로써 개선했다. 비누 거품을 5분간 얼굴에 바르고 씻어 내라는 사용법은 3분으로 바뀌었다. '스웨덴 왕실 납품'이라는 카피도 패키지에 크게 표기했다. 딱 봐도 한국인들이 좋아할 만한 성분과 사용법이다.

빅토리아 본사가 한국 측이 요청한 대로 순순히 제품을 만들어 주었냐는 물음에 오 대표는 "물론!"이라고 답했다. 스웨덴 서남쪽 항구 도시인 헬싱보리Helsingborg에 위치한 빅토리아 사는 한국에서의 인기 덕에 2012년 본사를 이전하고 공장을 증축했다. 전통 비누 제조법만으로 가족 경영을 하던 이 회사는 화장품 사업 분야를 강화하기 위해 유명 화장품 회사 출신들을 스카우트하기도 했다. 빅토리아 사 전체 매출의 약 40퍼센트가 한국에서 일어나니 한국의 요구에 민감할 수밖에 없었다.

100년 동안 비누만 만들던 스웨덴의 작은 비누 회사가 한국의 홈쇼핑 덕에 종합 화장품 회사로 변신한 것이다. 스웨덴 에그팩은 2010년 GS홈쇼핑 전체 판매상품 중 매출 1위에 오를 만큼 인기를 끌었지만, 현재는 과거만큼 폭발적 판매를 하지는 못하고 있다.

"홈쇼핑이 분명 새로운 제품을 홍보하는 데는 큰 도움이 되지만, 수수료가 워낙 세다 보니 수익성이 좋지는 않아요. 앞으로는 오프라인 유통을 확대하고, 해외 수출을 늘리는 데 집중하려고 합니다."

오 대표는 스웨덴 빅토리아 사의 천연 화장품 제조 기술을 이용해 바디, 헤어 쪽으로 제품을 확대할 계획이다. 이미 한국 소비자들의 헤어 트렌드를 적용한 샴푸도 개발해 출시를 앞두고 있다. 오 대표의 요구가 화장품 제조에 더욱 적극적으로 반영될 수 있도록, 오 대표는 빅토리아 본사의 지분 취득도 논의 중이다. 현실화될 경우 빅토리아 코리아는 제2의 휠라_FILA_, MCM이 될 수도 있다.

북유럽 열풍의 한가운데 서다

스웨덴 에그팩은 최근 홈쇼핑에 불고 있는 '북유럽 열풍' 덕에 다시 주목을 받고 있다. 몇 년 전부터 북유럽 스타일 인테리어, 스칸디나비안 교육법 등이 화제가 되었지만, 전문가들은 이케아_IKEA_가 국내에서 본격적인 영업을 시작하는 2014년이 북유럽 트렌드의 원년이 될 것이라고 입을 모은다. 그 중심에는 가장 대중적으로 고객들에게 북유럽 스타일을 '주입'할 수 있는 홈쇼핑이 있다. 홈쇼핑은 유행을 선도하기보다는 유행을 실시간으로 중계하는 매체이다. '뱅뱅'과 같은 패션 브랜드가 홈쇼핑에서 다시 부활한 것도 시중의 유행을 재빠르게 생산해 홈쇼핑을 통해 실시간으로 선보였기 때문이다.

최근 홈쇼핑 사의 편성표를 보면 북유럽 국가와 관련된 이름이 눈에 많이 띈다. CJ오쇼핑의 자체 브랜드_PB_ 그릇인 '오덴세'는 이름부터 안데르센의 고향인 덴마크의 마을 이름에서 따왔다. 이 제품은 '북유럽 스타일 식기'를 콘셉트로 주부들을 공략하고 있다. GS샵은 '핀에스커'라는 핀란드 디자이너와 협업한 가방 브랜드를 출시했고, 롯데홈쇼핑은 스웨덴 출신의 디자이너 산드라 이삭슨의 디자인을 적용한 침구 브랜드를 내놓았다. 2014년 상반기 홈쇼핑 건강식품 분야를 휩쓴 '프로바이오틱스 유산균' 관련 제품에도 '덴마크 유산균 이야기'라는 명칭부터 '스웨덴 유산균'이라는 별칭까지 다양한 '북유럽 유산균'이 등장했다.

스웨덴 에그팩을 통해 스웨덴과 인연을 맺은 오석진 대표도 이 트렌드를 놓치지 않기 위해 다양한 스웨덴 상품을 탐색 중이다. 오 대표는 스웨덴 가정의 90퍼센트가 사용한다는 셀룰로스 소재의 행주를 '스웨디시 클로스'라는 이름으로 출시했다. '스웨덴+디시dish+천cloth'의 합성어로, 에그팩에 이어 오 대표가 두 번째로 도전하는 스웨덴 상품이다.

이 제품 역시 에그팩처럼 이중의 용도를 내세운다. 물에 적셔서는 그릇을 닦는 스폰지나 행주로 사용할 수 있고, 말렸을 때는 빳빳해지기 때문에 화분 받침이나 인테리어 소품으로 사용할 수 있다. 하지만 에그팩의 사례에서 발견한 '히트 상품 공식'과는 거리가 멀어 고전 중이다. '행주'라는 익숙한 물건을 낯설게 만드는 것이 쉽지 않기 때문이다.

익숙한 것을 낯설게 만들어라

빅토리아코리아는 휴롬이나 해피콜처럼 직접 개발한 상품을 홈쇼핑이라는 유통 채널의 힘을 빌려 판매하는 회사가 아니다. 오랜 홈쇼핑 영업 경험을 바탕으로 홈쇼핑에서 팔릴 만한 상품을 발굴해 유통시키는 에이전시이다. 그래서 오석진 대표는 오늘도 홈쇼핑 사의 대기실에서 상품을 한 번이라도 더 출연시키기 위해 기다리고 있는 벤더들에게 부러움의 대상이다.

이러한 회사들은 홈쇼핑의 트렌드에 눈과 귀를 바짝 세우고 집중할 수밖에 없다. 에그팩도 홈쇼핑 내 화장품 카테고리의 부상, 모공 관련 화장품에 대한 관심, 북유럽 열풍이라는 사회적 트렌드를 잘 읽어 내 성공했다. 거기다 완전히 새로운 것에 두려움을 느끼는 홈쇼핑 고객들의 특성을 꿰뚫어 익숙한 물건을 낯설게 만드는 전략을 구사함으로써 히트 상품이 되었다.

홈쇼핑은 결국 방송이고, 시청자(소비자)들은 늘 새로운 프로그램(상품)을 원한다. 다음번 히트 상품이 뭐가 될지 궁금하다면 홈쇼핑 사의 1년 치 편성표가 답이 될 수 있다. 그리고 우리가 일상적으로 마주하는 상품에서 낯선 용도를 발견한다면 히트 상품으로 가는 길은 더욱 빨라질 것이다.

IOPE
선크림이
아니라
광채 메이크업입니다

아이오페의 '에어쿠션'은 국내 1위 화장품 회사인 아모레퍼시픽이 만든 휴대용 파운데이션이다. 메이저 홈쇼핑 방송의 주요 시간대에 자주 편성이 되다 보니 '홈쇼핑이 중소기업은 외면하고 대기업 제품만 팔려 한다'는 비난의 표적이 되곤 한다. '쿠션 화장품'이라는 것이 홈쇼핑 밖에서도 인기고, 그 중심에 아이오페 에어쿠션이 있으니 그럴 만도 하다. 현상만 놓고 본다면 중소기업의 아이디어 상품을 소개해야 할 의무를 갖고 탄생한 홈쇼핑 사가 대기업의 기존 히트 상품을 열심히 파니 욕을 먹는 것도 당연하다.

그러나 아이오페, 아니 아모레퍼시픽 홈쇼핑팀 입장에서는 이러한 비난이 억울하다. 홈쇼핑 사들도 할 말이 많다. 이 제품은 대기업에서 만들었기 때문에 뜬 게 아니라, 홈쇼핑에서 팔았기 때문에 히트 상품이 된 것이기 때문이다. 대기업 제품이라고 무조건 모회사의 든든한 뒷받침이 있을 것이라는 생각은 착각이다. 대기업에서는 수없이 많은 상품이 쏟아져 나오기 때문에 경쟁이 치열하여 사내社內의 관심을 얻는 것조차 어렵다. 부잣집 막내아들보다 가난한 집 큰아들이 성공할 확률이 더 높은 것처럼 말이다.

에어쿠션도 처음 나왔을 때는 쟁쟁한 경쟁 상품에 밀려 사내에서 주목을 받지 못했다. 재고 처리 용도로 갔던 홈쇼핑에서 오히려 숨어 있던 가치가 발견되면서 성공한 케이스이다. 하마터면 '특이한 자외선 차단제'로 묻힐 뻔 했던 상품이 홈쇼핑을 만나 '만능 파운데이션'으로 다시 태어난 것이다.

너무나 혁신적이어서 판매 사원들의 관심 밖이었던 상품이 홈쇼핑에서는 보여 줄 것이 많아 오히려 방송하기에 재미있는 상품이 되었다. 심혈을 기울여 만든 상품이 시장에서 외면을 받는다고 좌절하지 말자. 좋은 짝을 못 만나 빛을 못 본 것일 수도 있을 테니까. 물론 그 짝이 꼭 홈쇼핑이라고 확신하는 것도 위험하지만 말이다.

에어쿠션, 화장품 파우치를 점령하다

'한경희뷰티'에서 시작된 진동 파운데이션 열풍은 폭발적이었지만 그리 오래가지 않았다. 진동 파운데이션 선두주자였던 '입큰'이 700억 원 누적 매출을 기록한 후 급속히 인기가 시들해졌다. 뒤늦게 진동 파운데이션 시장에 뛰어든 화장품 업체들은 소비자들의 냉랭함에 당황했다. '포스트 진동 파운데이션'의 자리를 찾기 위해 홈쇼핑 MD들과 화장품 업체들은 각종 기기 화장품을 내놓았다. 떨리는 퍼프가 아니라 회전하는 브러시 파운데이션도 등장했다. 반짝 주목을 받았지만 오래가지는 못했다.

파운데이션은 홈쇼핑에서 꾸준히 판매되는 효자 상품이다. 여성들의 색조 화장품 중 파운데이션이 가장 사용 빈도가 높기 때문이다. 눈, 입 등 특정 부위에만 바르는 것이 아니라 얼굴 전체에 바르니 사용량이 많다. 립스틱, 매니큐어 등 포인트 메이크업 제품은 사람마다 취향이 다양하지만, 파운데이션은 한 가지 품목으로 누구에게나 판매할 수도 있다.

파운데이션은 재구매에 있어서도 중요하다. 립스틱이나 매니큐어를 바닥이 보일 때까지 긁어 쓰는 여성은 거의 없다. 기분에 따라, 유행에 따라 바꿔 가며 바르는 '여자들의 장난감' 성격이 강하기 때문이다. 반면 파운데이션은 외출 전 얼굴 전체에 바르고, 외출해서도 몇 번을 덧바르다 보니 사용 주기가 짧아 재구매도 금방 일어난다. 그래서 잘 만든 파운데이션 하나면 홈쇼핑의 화장품 부문 석권은 따 놓은 당상이다.

진동 파운데이션이 떠난 자리는 의외의 제품이 넘겨받았다. 2009년부터 줄곧 홈쇼핑 화장품 부문 상위권에 랭크되던 아이오페 '에어쿠션'이 확실한 1등으로 올라선 것이다. 소비자들은 건전지를 갈아 끼우고 500원짜리 동전크기의 퍼프로 얼굴 전체를 문질러야 하는 진동 파운데이션이 귀찮아졌다. 외출할 때는 가지고 갈 수도 없을 만큼 큰 부피도 부담스러웠다. 아이들이 처음엔 자동으로 작동하는 장난감에 열광하지만 곧 시들해지는 것과 같은 이치다.

여성들은 자외선 차단, 잡티 커버, 물광 메이크업, 수정 메이크업이 모두 가능하다는 조그마한 크기의 아이오페 에어쿠션에 몰려들었다. 홈쇼핑에 선보인 지 4년, 아이오페 에어쿠션은 드디어 대한민국 여성들의 화장품 파우치 안을 점령해 버렸다.

브랜드 컴퍼니 내에서 치열한 선두 다툼을 벌이다

아이오페는 아모레퍼시픽이 1996년에 만든 브랜드이다. 브랜드 컴퍼니를 지향하는 아모레퍼시픽에는 각각 명확한 콘셉트를 갖춘 여러 브랜드가 있다. 럭셔리 한방 화장품 '설화수', 트렌디한 럭셔리를 추구하는 '헤라', 실용적 자연주의 화장품 '이니스프리' 등이 그렇다. 각 브랜드는 시대의 유행에 따라, 어떤 히트 상품이 나오느냐에 따라 매출이 달라지며 회사 내에서의 위상도 달라진다. 아모레퍼시픽 내부에서는 우스갯소리로 '장자 브랜드', '서자 브랜드', '골치 브랜드' 등으로 실적에 따라 서열을 나누기도 한다.

아이오페는 출시와 함께 장자 후보에 오른 '영재' 브랜드이다. 당시 마몽드, 라네즈, 헤라 등 감성적 브랜드 위주로 포트폴리오가 구성돼 있던 아모레퍼시픽에 과학적 개념의 브랜드로 등장했다. 화장품을 의미하는 cosmetic과 의학을 뜻하는 medical의 합성어인 코스메디컬 화장품을 국내에 처음 소개한 장본인이기도 하다.

아이오페는 브랜드 론칭과 거의 동시에 주름 관리 기능성 화장품의 효시라고 할 수 있는 '레티놀'을 내놓아 화제가 되었다. 레티놀은 지용성 비타민인 친유성 물질로, 친수성인 화장품과는 맞지 않지만 아모레퍼시픽이 세계 최초로 화장품 원료로 개발하는 데 성공했다. 아이오페가 이 성분을 그대로 제품명에 사용하면서 '레티놀=주름 개선'의 공식으로 자리를 잡았다. 매끈한 피부의 탤런트 전인화가 등장해 "이제 얼굴 펴고 사세요!"라고 말하는 TV 광고에 많은 여성들이 화장품 가게로 달려갔다. 아이오페 레티놀은 몇 차례의 업그레이드를 거쳐 현재도 35초에 1개씩 판매되며 높은 인기를 얻고 있다.

소비자는 어려운 것을 싫어한다

레티놀이 출시된 다음 해에는 비타젠이 등장했다. 레티놀이 주름 개선 기능으로 주목을 받았다면, 비타젠은 여성들의 또 다른 피부 고민인 미백을 건드렸다. 아모레퍼시픽 연구소는 금방 산화되어 장기 보관이 어려운 비타민C를 안정화시키는 데 성공해, 이를 아이오페의 '비타젠화이트'라는 미백 제품에 적용했다. 레티놀과 비타젠은 아이오페라는 브랜드를 시장에 성공적으로 안착시켰을 뿐 아니라, 아모레퍼시픽 연구소의 기술력을 알리는 데도 중요한 역할을 했다.

아이오페는 점점 기술에 도취되었다. 이후 10년간 아이오페가 출시하는 신제품들은 일반 소비자는 물론, 보도자료를 받는 기자들조차 여러 번 읽어 봐야 이해가 가는 기술들이었다. 제품의 흡수를 돕는 도구도 출시했고, 피부과에서처럼 집에서도 단계별로 관리하는 복잡한 제품도 내놓았다. 아이오페 광고에는 숫자와 그래프가 자주 등장했다. 각종 수상 실적도 빼곡히 들어갔다. 그럴수록 소비자들은 점점 멀어져 갔다.

2008년 중반까지 아이오페는 '화장품 멀티숍'인 '휴플레이스'에서 팔리고 있었다. 휴플레이스는 아모레퍼시픽 제품과 타사 제품을 7대 3 정도의 비율로 판매하는 화장품 가게로, 아모레퍼시픽이 만들었지만 점주들이 가맹비를 내는 프랜차이즈 형태는 아니었다. 인테리어와 초도 물품 비용만 있으면 매장 오픈이 가능했다.

휴플레이스를 운영하는 점주들은 본사에서 전문적인 교육을 받는다거나 아모레퍼시픽이 집중하는 상품을 판매하도록 강요를 받지도 않았다. 그래서 아파트 상가나 시장 안에 있으면서 동네 아줌마들의 사랑방 역할을 하던 휴플레이스에서 어려운 아이오페 제품이 화제에 오르기는 힘들었다. 주인이 아이오페의 신제품을 권하면 고객들은

"그런 건 잘 모르겠고, 그냥 레티놀이나 줘!"라고 설명 듣기를 거부했다. 주인은 공부를 해서 판매해야 하는 아이오페 신제품 대신 설명이 필요 없는 기존 베스트셀러나 쉽게 설명이 가능한 다른 브랜드의 제품을 판매했다.

경쟁사에 빼앗긴 자외선 차단제 시장을 찾아라

2006년, 경쟁사인 LG생활건강이 '이자녹스 선밤'이라는 새로운 제형의 자외선 차단제를 출시하며 아이오페의 자존심을 건드렸다. 이자녹스는 아이오페와 비슷한 유통 경로와 타깃 소비자를 놓고 다투는 브랜드였다.

그동안 자외선 차단제는 로션이나 크림 형태의 액체여서 화장 전에 바르는 것이 전부였다. 화장을 한 후에 덧바르면 화장이 지워지고, 손이 더러워진다는 치명적인 단점이 있었다. 선밤은 그런 불편함을 해소한 제품이었다. 선크림을 고체 형태로 만들어 휴대하기 편리할 뿐 아니라, 화장한 후에도 퍼프로 덧바를 수 있어 여성들의 열렬한 지지를 받았다.

우리나라 여성들의 자외선에 대한 공포감은 얼마나 유명한가. 선캡으로 얼굴 전체를 가리고, 팔에는 토시를 껴서 온몸에 자외선이 들어올 여지를 안 준다. 자외선 차단은 한국 아줌마 패션에 지대한 영향을 끼쳤다.

이자녹스뿐 아니라, LG생활건강의 다른 브랜드에서도 선밤을 내놓으면서, LG생활건강은 국내 자외선 차단제 시장을 석권했다. 아모레퍼시픽의 발등에는 불이 떨어졌다. 선밤의 인기를 뒤집을 수 있는 획기적인 제품이 필요했다. 주5일제와 야외 활동의 증가로 자외선 차단제 시장은 점점 커지고 있는데, LG생활건강에 이 시장을 내줄 수는 없었다.

아이오페 에어쿠션은 LG생활건강에 빼앗긴 자외선 차단제 시장을 되찾기 위해 탄생한 제품이었다. 에어쿠션은 선밤처럼 사용이 편리하면서도, 선밤의 건조함을 극복한 자외선 차단제였다. 2008년 2월 21일, 아모레퍼시픽 홍보팀에서 기자들에게 보낸 '아이오페 에어쿠션 선블록 출시' 보도자료를 보자.

선밤의 오일리함과 답답함은 가라, 메이크업 후에도 쉽게 바를 수 있는 선블록!!

코스메디컬 지향 화장품 아이오페에서 세계 최초로 스탬프 타입의 '에어쿠션 선블록Air Cushion Sun block SPF40/PA++'을 출시한다.

기존의 선밤이 가지고 있는 단점을 보완하기 위해 개발하게 된 '에어쿠션 선블록'은 스탬프 형식의 쿨링 스폰지가 에멀전 타입의 제품을 머금고 있어, 도장을 찍듯 톡톡 찍어 발라 주기만 하면 적당량이 퍼프에 묻어나와 가볍고 산뜻한 발림을 경험할 수 있다.

더위에 지치고 달아오른 피부를 시원하고 촉촉하게 식혀 주는 쿨링 효과를 겸비한 에어쿠션 선블록은 닿을 때마다 시원하고 부드러운 쿠션감(Air- Pump 기술)을 주고, 제품의 쿨링감을 지속시켜 주는 열전도 차단 쿨링 용기를 사용해 그 기능을 배가시킨다.

메이크업 후에 몇 번을 덧발라도 화장이 밀리지 않는 '에어쿠션 선블록'은 휴대가 용이하고 퍼프로 얇게 발리는 특징 때문에 더운 여름에도 하루 종일 가벼운 메이크업을 유지할 수 있고, 내용물의 신선도를 유지하기 위해 용량을 두 개로 나누어 포장해 안심하고 사용할 수 있다.

또한 미백 기능(미백기능성 인증) 에센스와 자외선 차단, 쿨링 효과, 메이크업베이스 겸용의 4 in 1 멀티 기능을 가진 메이크업 선블록으로서 피부 유수분 균형을 맞춰 주는 산뜻한 에센스와 메이크업 역할을 한 번에 해결해 주어 여러 단계의 화장 시간을 줄일 수 있다.

또한 메이크업까지 한 번에 해결하고 싶은 고객을 위해 네 가지 효과는 그대로 유지하면서 파운데이션 기능을 가진 제품도 준비해 고객의 니즈를 충분히 만족시킨다.

이 글만 읽어서는 왜 선밤 대신 이 제품을 사야할지 판단이 안 선다. 이 보도자료를 받은 기자들은 그저 '아이오페에서 새로운 자외선 차단제를 출시했다'는 짧은 기사만 작성했을 뿐이다.

재고 처리가 가져온 뜻밖의 선물

에어쿠션 선블록이 2월 말에 출시된 이유는 자외선 차단제의 수요가 보통 3~4월에 가장 많기 때문이다. 시즌성이 아니더라도 화장품은 소비자들이 유통기한을 보고 구입하는 상품이기 때문에, 출시되자마자 히트를 쳐서 첫 생산에 만들어 놓은 제품이 빨리 소진되어야 한다.

그러나 에어쿠션은 첫 출시 후 주목받지 못했다. 아이오페 내부적으로는 '세계 최초의 식물 줄기세포 화장품'을 4월에 출시해 이 제품과 기술을 홍보하는 데 집중했다. 아모레퍼시픽이 9월부터 '아리따움'이라는 아모레퍼시픽 제품만 판매하는 프랜차이즈 매장을 만들기로 함에 따라, 휴플레이스의 점주들은 휴플레이스를 아리따움으로 바꾸는 데 정신이 없었다. 그 말은 아리따움으로 바꾸기 전에 기존에 팔던 비非 아모레퍼시픽 제품과 재고를 빨리 팔아야 한다는 의미였다. 휴플레이스 점주들에게 에어쿠션은 돈도 안되면서(개당 35,000원 선), 설명만 많이 해야 하는 귀찮은 상품이었다.

휴플레이스에서 주문을 하지 않으니, 에어쿠션은 창고에 쌓여만 갔다. 에어쿠션 재고를 빠르게 처리해야 했다. 아이오페 브랜드매니저 BM는 홈쇼핑 영업을 담당하는 온라인 영업팀에 처리를 부탁했다. 당시 아모레퍼시픽 내에서는 홈쇼핑 유통에 비중을 크게 두지 않았기 때문에, 온라인 영업팀에서 홈쇼핑 채널을 함께 관리했다. 아모레퍼시픽 입장에서는 CJ오쇼핑이나 GS홈쇼핑이나 G마켓이나 11번가나 같은 수준이었던 셈이다.

심지어 온라인 영업팀의 홈쇼핑 담당자가 BM에게 애원해 홈쇼핑에 팔 물건을 달라고 해야 겨우 주는 상황이었다. 그때까지만 해도 홈쇼핑은 '10종에 39,900원' 같은 저가의 이미지가 강해, 브랜드 이미지를 중시하는 회사에서는 영업에 소극적일 수밖에 없었다. 무엇보다 휴플레이스와 같은 기존 채널의 입김이 워낙 세 홈쇼핑을 통해 가격 할인이나 프로모션을 하는 것은 분란을 일으킬 뿐이었다. 여름이 지나면

판매가 뚝 떨어지는 자외선 차단제 '에어쿠션 선블록'을 처리하기에는
홈쇼핑이 최적이었다.

천덕꾸러기에서 만능 재주꾼으로

홈쇼핑에서 에어쿠션을 팔려면 자외선 차단 기능만으로는 부족했
다. 에어쿠션의 성격을 홈쇼핑에 맞게 바꿔야 하는 상황이었다. 홈쇼
핑 관계자와 아모레퍼시픽 홈쇼핑 영업 담당자는 에어쿠션이 갖고 있
는 여러 기능들을 찾기 시작했다. 에어쿠션은 자외선 차단 외에도 미
백 기능과 피부를 시원하게 해 주는 쿨링 효과, 피부색을 균일하게
보정해 주는 메이크업 기능이 있었다. 홈쇼핑에서는 기능이 많을수록
보여 줄 것이 많은 '올인원All in one 제품'이 환영받는다. 한 시간의 방송

을 이끌어가려면 같은 내용을 지루하게 반복하는 것보다 이것도 보여 주고 저것도 보여 주는 것이 좋기 때문이다. 다양한 니즈를 갖고 있는 불특정 다수의 고객을 상대로 해야 하니 기능이 많을수록 좋다. 홈쇼핑 히트 상품 중 '만능 다지기', '만능 녹즙기' 등 '만능'이란 단어가 들어간 제품이 유독 많은 이유가 여기에 있다.

당시 홈쇼핑 화장품은 그 어느 때보다 '시연'의 힘이 강력했다. 2008년 GS샵의 베스트셀러 1, 2위를 모두 화장품이 차지했는데, '화장품쇼'에 가까운 시연 방송을 하던 제품들이었다. 1위는 민낯의 모델이 화장을 통해 핑크빛 소녀로 변신하는 모습을 보여 줬던 '조성아루나'가 차지했고, 2위는 지저분한 콧잔등 피지가 깨끗하게 없어지는 모습을 보여줬던 '글로우스파'였다.

에어쿠션은 스폰지에 파운데이션이 묻어 있어 퍼프로 톡톡 찍어 바르는 형태인데, 마치 도장(퍼프)을 인주(파운데이션 묻은 스폰지)에 묻혀 종이(얼굴)에 찍는 것과 같았다. 에어쿠션의 독특한 사용 방법은 시연하기에 그만이었다. 홈쇼핑에서는 에어쿠션을 발랐을 때 얼굴에 촉촉한 윤기가 흐르는 것도 놓치지 않았다. 당시는 물광, 윤광, 꿀광 등 피부가 촉촉하게 빛나는 화장이 유행이어서, 에어쿠션에도 '광光' 콘셉트를 적용했다. 얼굴에 흐르는 윤기를 통해 사용 전후를 비교하는 시연을 할 수 있었다. 그렇게 제품을 잘 팔기 위해 요리조리 뜯어보던 중 결국 이 제품은 '광채 메이크업'으로 콘셉트가 정해졌다.

하마터면 천덕꾸러기가 될 뻔한 상품이 만능 재주꾼으로 다시 태어나는 순간이었다.

'아모레 아줌마 DNA' 홈쇼핑을 휩쓸다

아모레퍼시픽이 국내 1위 화장품 회사로 올라서는 데는 '아모레 아줌마'라 불리는 방문판매원들의 역할이 컸다. 아모레퍼시픽은 1963년 국내 화장품 업계 최초로 전문 미용사원 제도를 도입해 이듬해부터 방문판매 사업을 시작했다. 1970~80년대 화장품 가방을 메고 집집마다 '아모레 화장품'을 팔러 다닌 방문판매원들은 단순히 제품만 판 것이 아니라, 고객들에게 트렌드를 알려 주는 역할을 했다.

방문판매원들이 집에 온 날은 동네 아줌마들이 한데 모여 피부 관리를 받고 메이크업 시연을 구경했다. 고객들은 방문판매원이 공짜로 나누어 준 샘플을 친구들이나 친척들에게 나눠 주며 제품을 홍보했다. 1990년대에 들어 '화장품 전문점'이 등장하며 주춤하긴 했지만, 방문판매는 2008년까지만 해도 아모레퍼시픽 화장품 전체 매출의 57.1퍼센트를 차지하는 주요 영업 방식이었다. 그러나 2009년 40.2퍼센트, 2011년 31.6퍼센트, 2013년 21.4퍼센트로 방문판매 매출 비중은 꾸준히 줄고 있다.

전문가들은 방문판매 고객들의 대부분이 홈쇼핑으로 옮겨 간 것으로 추정한다. 백화점과 면세점 등 다른 채널의 성장도 있었지만, 공교롭게도 2009년부터 아모레퍼시픽은 에어쿠션의 선전으로 홈쇼핑 매출이 급성장했다.

'루나'로 홈쇼핑 화장품 전성기를 연 메이크업아티스트 조성아 씨는 "홈쇼핑은 방문판매의 진화 버전"이라고 말한다. 과거 방문판매원이 다섯 명 이내의 고객들을 모아 놓고 화장품 소개를 하고 메이크업 시연을 했다면, 이제는 쇼호스트가 전국의 수만 명의 고객들 앞에서 이러한 행위를 한다는 이야기였다.

'아모레 아줌마 DNA'가 홈쇼핑에서도 통했는지, 아이오페 에어쿠션은 홈쇼핑을 통해 폭발적으로 성장했다. 에어쿠션을 판매하는 쇼호스트들은 본인 얼굴의 반쪽을 잡티가 훤히 드러나도록 화장을 지운 후 에어쿠션을 발라 고객들이 전후 비교를 할 수 있도록 했다.

"이거 봐요. 꾹꾹 찍어서 톡톡 두드리면 화장 끝! 얼굴에 윤기가 좌르르 흐르죠?"

쇼호스트는 화면 속 다른 세상 사람이 아니라 내 앞에 앉아 있는 '카운셀러 언니'이자 '아모레 이모' 같았다. 고객 입장에서 방문판매는 제품에 대한 자세한 설명을 들을 수 있다는 장점도 있지만, 매장에 가지 않고도 직접 제품을 집까지 가져다준다는 편리함이 있었다. 홈쇼핑의 택배 시스템은 배달은 물론 반품까지 해 준다.

방문판매를 애용하는 고객들은 샘플을 듬뿍 주는 '후한 인심'을 제일 높이 산다. 홈쇼핑은 후한 인심이 도를 지나칠 정도다. 2014년 4월 21일 CJ오쇼핑에서 방송된 에어쿠션의 상품 구성을 보자.

> 에어쿠션 정품(30g) 2개, 아이크림(25ml 정품 사이즈) 1개, 에센스(40ml 정품 사이즈) 1개, 크림(50ml 정품 사이즈) 1개, 퍼프 2개, 여행용 미니 에어쿠션(4g) 2개, 무료체험분(1g) 2개

제품을 한 개가 아닌 두 개를 사야 한다는 부담이 있지만, 에어쿠

션 두 개 값인 79,000원만 내고도 총 212,000원 상당의 아이크림, 에센스, 크림을 준다는 데 솔깃하지 않을 사람은 없다. 이렇게 홈쇼핑을 통해 구매한 소비자는 에어쿠션 두 개 중 한 개는 친구나 친척에게 선물로 주면서 자연스레 홍보 요원이 되었다. 또한 공짜로 받은 기초 화장품이 피부에 잘 맞는다면, 아이오페 입장에서는 에어쿠션 외에 고객의 구매 목록을 넓힐 수 있는 기회가 된다.

히트 상품 탄생의 관점을 바꿔라

아모레퍼시픽은 2013년부터 홈쇼핑에서 아이오페 외에 '베리떼'라는 브랜드를 통해 쿠션 화장품을 판매하고 있다. 베리떼는 1994년 새로운 방문판매 형태인 '직판' 전용 브랜드로 출범했다가, 시장이 쇠퇴하며 아모레퍼시픽 내 또 다른 직판 브랜드인 '리리코스'로 흡수되었던 브랜드다. 직판은 소비자 입장에서는 방판과 차이가 없지만, 방문판매 사원이 개별 영업소가 아닌 본사를 통해 직접 물건을 가져다 판다는 차이가 있다.

홈쇼핑에서 아이오페에 대한 의존도가 높아지며 오프라인 판매처가 반발하자, 베리떼는 홈쇼핑 전용 브랜드로 콘셉트를 바꿔 다시 출시되었다. 베리떼는 피부 잡티 커버를 중시하는 홈쇼핑 고객들의 니즈에 맞게 아이오페 제품보다 커버력을 높인 쿠션 화장품을 출시해 좋은 반응을 얻고 있다. 홈쇼핑에서의 인기에 힘입어 GS왓슨스와 같은 드러그스토어에까지 유통 채널을 확대했다.

에어쿠션의 선전으로 아모레퍼시픽 내에서 홈쇼핑 영업 부서에 대한 위상도 달라졌다. 아모레퍼시픽은 그동안 온라인 영업팀의 한 파트에 불과했던 홈쇼핑 영업을 2010년 홈쇼핑 영업팀으로 승격시키더니, 그다음해 홈쇼핑 영업팀장을 사업부장으로 승진시켰다. 인터넷 영업과 홈쇼핑 영업을 총괄하는 사업부장은 2014년 1월 베리떼, 리리코스, 오설록, 면세 사업까지 총괄하는 '신성장BU'의 상무로 또 한 번 승진했다.

아이오페 에어쿠션과 베리떼의 성공은 그동안 히트 상품을 '제품 개발' 측면에서만 바라보던 관점을 '유통 채널과의 궁합'으로 넓혔다는데 의의가 있다. 실력 있는 연예인이 소속사를 잘못 만나 날개를 펼치지 못하는 것처럼, 유통 채널을 잘못 만나 서자 취급받던 상품도 다시 살아날 수 있음을 보여 준 사례이다.

골리앗은 골리앗만의 역할이 있다

아이오페 에어쿠션이 히트를 치자 헤라, 라네즈, 설화수, 이니스프리 등 아모레퍼시픽 내 다른 브랜드에서도 쿠션 화장품을 출시해 모두 성공을 거두었다. 2013년 한 해 동안 아모레퍼시픽의 쿠션 화장품만 1,260만 개가 팔려 3,250억 원의 매출을 기록했다. 아이오페가 홈쇼핑을 통해 쿠션 화장품의 장점을 밝히지 않았으면 묻힐 뻔했던 기술이 아모레퍼시픽을 먹여 살리고 있는 것이다.

워낙 낯선 형태의 제품이다 보니 에어쿠션도 홈쇼핑에서 처음부터 주목을 받았던 것은 아니다. 2009년부터 서서히 알려지기 시작해 2012년 하반기부터 폭발적으로 수요가 늘어났으니, 약 4년의 밑작업이 있었던 셈이다. 그 4년 동안 아모레퍼시픽 홈쇼핑팀도 실적을 내기 위해 다양한 시도를 했다. 메이크업아티스트 조성아 씨가 애경산업과 함께 만든 '루나'가 홈쇼핑에서 인기를 끌자, 아모레퍼시픽도 메이크업 아티스트 브랜드를 만들었다. "애경이 저 정도면 아모레퍼시픽은 그 이상일 것"이라는 오만함도 있었다.

2008년 아모레퍼시픽의 '마몽드'가 메이크업아티스트 고원혜 씨와 만든 '블룸베일'은 3개월 만에 방송을 접었다. 2010년에는 아이오페가 고 씨와 손을 잡고 '랩페이스'라는 메이크업아티스트 브랜드를 냈지만 8개월 후 판매를 전격 중단했다. 아모레퍼시픽 자회사인 '에스쁘아'도 메이크업아티스트 김활란 씨와 '에스쁘아 아이즈'라는 눈 화장 전문 브랜드를 출시해 1년을 약간 넘긴 정도다.

애경산업의 루나가 성공할 수 있었던 것은 홈쇼핑 사업을 시작할 당시 애경의 화장품 사업이 이미 정체되어 있었기 때문이다. 애경 화장품은 다윗과 같은 작은 조직이었기에, 조성아 씨의 반짝이는 아이디어를 즉각적으로 반영해 골리앗들이 망설이고 있는 시장에 재빠르게 진입할 수 있었다.

에어쿠션과 같은 제품은 대기업이 아니면 개발할 엄두를 낼 수 없는 획기적인 상품이다. 에어쿠션은 형제 브랜드들이 비슷한 제품을 다른 유통 채널을 통해 출시함으로써, 소비자들 머릿속에 '쿠션 화장품은 역시 아모레퍼시픽'이라는 고정관념을 만들어 카테고리 킬러가 되었다. 골리앗이 할 수 있는 가장 훌륭한 일을 한 것이다.

Why?
만화책, NO!
과학 선행 학습서, OK!

"옛날에는 많은 아이들이 과학자를 꿈꿨죠. 그런데 언제부터 아이들이 같은 꿈을 꾸게 된 걸까요? 아이돌도 필요하지만 우리에겐 과학자가 더 많이 있어야 합니다"라는 TV 광고를 기억하는가. 과학을 외면하는 요즘 아이들의 세태를 걱정하는 광고 내용에 많은 사람들이 공감했다.

그런데 이것이 아이들만의 문제일까? 과학이 중요하고, 과학자가 필요한 것은 알지만 과학 앞에서 당당한 부모가 얼마나 될까? 아이들이 과학에 대해 질문할 때 친절히 대답을 해 주거나, 아이들에게 영어, 수학 공부를 시키는 만큼 과학 공부를 시키는 부모가 얼마나 될까?

어린아이를 둔 부모들에게 과학은 피하고 싶은 주제이자, 밀린 빨래와도 같다. 누군가 내 대신 아이들의 '왜?'라는 질문에 답을 해 주고, 과학 실험도 해 주면 좋겠는데 그 누군가를 찾는 게 쉽지 않다. 동네마다 영어 학원, 수학 학원은 많이 보이는데 과학 학원은 잘 보이질 않는다. 찾았다 한들 수업료가 부담스럽다. 무엇보다 영어, 수학, 논술, 피아노, 체육 등 아이들이 다니는 학원이 너무 많아 과학 학원까지 갈 시간이 없다.

대한민국에서 가장 많이 팔린 책, 예림당의 'Why?'는 그렇게 학부모들의 고민거리를 덜어주면서 히트 상품이 되었다. 정확히 말하면 탄생은 잘 만든 학습 만화일 뿐이었지만, 잘 파는 방법을 찾기 위해 요리조리 뜯어보다 보니 이 책의 용도가 '과학 선행 학습서'가 된 것이다.

'Why?'의 성공에는 홈쇼핑이 중요한 역할을 했다. 아이오페 에어쿠선도, 예림당 'Why?'도 히트 상품이 된 후에는 '원래 제품이 워낙 좋았다'는 이유를 대지만, 홈쇼핑에 진출하지 않았다면 숨어 있는 다른 장점들을 발견하지 못했을 것이다. 또 홈쇼핑에서 장점을 나열하지 않았다면 오프라인에서 지금과 같은 폭발적 성장을 이루지 못했을 것이다.

'Why?'는 '교과서 보고 'Why?' 보고, 'Why?' 보고 교과서 보고'라는 광고 카피처럼 부모들이 가장 예민한 '교과서'라는 소재와 상품을 강하게 연계시킴으로써 주목을 받았다. 교과서라는 USP_{Unique Selling Point}를 정하고 난 후에는 초등학교 전 학년 교과서와 전과를 샅샅이 뒤져 RTB_{Reason to Believe}를 만들었다. '과학에 관심을 가져야 나라가 부강해진다'는 추상적인 설득이 아니라, '과학을 잘해야 국·영·수만 공부하는 아이들을 앞설 수 있다'는 구체적인 주장으로 부모들의 마음을 움직였다.

한 번 고객들에게 믿음이 생기자, 과학뿐 아니라 역사, 사회, 고전 등 다른 분야로 확장하는 것도 수월해졌다. 이미 고객들의 머릿속에 'Why?'는 만화가 아니라 'Why?' 자체로 자리를 잡았기 때문이다.

그 많던 월부 책장수는 어디로 갔을까

김승옥의 『서울, 1964 겨울』을 보면 '월부 책장수'라는 직업이 등장한다. 집집마다 돌아다니며 비싼 전집을 팔고, 책값은 할부로 받는 일이었다. 1980년대까지만 해도 전집은 월부 장수들이 집으로 찾아와 판매하는 것이 일반적이었다. 무거운 전집을 사러 직접 서점에 가기도 어려웠고, 그 비싼 책값을 한 번에 지불하기도 힘들었다. 1990년대 들어 신용카드 사용이 확산되고, 주부들이 '무이자 할부'의 매력에 빠지면서 월부 책장수들의 설 자리는 없어졌다. 2000년대 들어 인터넷 서점이 생기면서 무거운 전집은 택배 기사들이 배달해 주고 있다.

월부 책장수의 중요한 역할은 책의 내용을 일목요연하게 정리해서, 이 책을 사지 않으면 당신이나 당신의 자녀가 무식해질 수 있다는 공포감을 심어 주는 것이었다. 10권 이상 되는 전집을 일일이 읽어 보고 살 수도 없으니, 소비자는 월부 책장수의 말을 믿을 수밖에 없었다.

'아모레 아줌마'의 자리를 홈쇼핑 쇼호스트가 물려받았듯, '월부 책장수'의 자리도 홈쇼핑 쇼호스트가 이어받았다. 그런데 이번에는 혼자가 아니다. 화려한 말발의 쇼호스트 옆에 인터넷 교육 업체의 스타 강사가 함께 출연해 조목조목 책 소개를 한다. 그뿐이 아니다. 시중 서점보다 훨씬 싸게 파는 것은 물론, 책꽂이도 준다. 12개월 무이자 할부는 기본이다.

한동안 외면받았던 『세계문학전집』이 홈쇼핑 덕에 부활했고, 베스트셀러를 못내 어려움을 겪던 출판사가 홈쇼핑 덕에 수익을 내기 시작했다. 도서정가제 논란을 일으키기는 했지만, 홈쇼핑을 통한 전집 판매는 분명 새로운 도서 수요를 만들어 냈다. 자기계발서, 실용서만 읽던 중년층을 고전의 바다로 끌어 오고, 컴퓨터만 하던 아이들에게 종이 냄새를 맡게 했다.

과거 월부 책장수들이 돈을 벌 수 있었던 것은 밥은 못 먹어도 자식 책값은 아까워하지 않는 학부모들의 교육열 덕분이었다. 그때 집에 들여놓은 『브리태니커 백과사전』과 『소년소녀세계문학전집』을 보고 자란 세대들이 이제 학부모가 되면서 전집 열풍에 동참했다.

쇼호스트의 유혹에 "나 어렸을 땐 책이 닳을 때까지 봤었는데"라는 부모도 있을 테고, "저거 책꽂이에 꽂아놓고 거의 안 봤지"라는 부모도 있을 것이다. 본인이야 어쨌든 '내 자식은 다르다'고 생각하는 것이 모든 부모의 심정. 특히 "이거 보면 남들보다 앞서가요"가 아니라, "이 정도는 기본!"이라고 말하는 쇼호스트 앞에 부모들의 죄책감은 최고조에 이른다.

홈쇼핑 도서 분야 최고의 베스트셀러 예림당의 'Why?'는 이러한 학부모들의 심리를 가장 잘 파고들어 성공한 케이스이다.

홈쇼핑도 피해갈 수 없는 한국의 교육열

2001년 7월 출간된 'Why?'는 초등학생을 위한 과학 학습 만화로 시작했다. 1권 '우주' 편을 시작으로 계속 주제를 추가해 2013년 말 기준 총 56권의 과학 만화가 나왔다. 2009년부터는 한국사, 세계사, 인문사회교양, 피플, 인문고전 등으로 영역을 확대해, 이제는 과학 학습 만화가 아닌 '종합 학습 만화'로 불린다. 2014년 3월 말 기준, 151권이 나왔고, 예림당이 '매월 15일은 'Why?' 신간 나오는 날'로 정했으니 앞으로 시리즈는 더욱 늘어날 전망이다.

코스닥 등록 회사인 예림당의 2013년 사업보고서를 보면 'Why?'는 2001년부터 2014년 2월까지 5,867만 부 이상이 판매되었다. 전국의 초등학생이 약 280만 명이라고 하니, 단순 계산으로 초등학생 한 명당

'Why?'를 20권 이상 갖고 있는 셈이다.

'Why?'는 원래 예림당이 1989년 출간한 10권짜리 『왜?』라는 과학 만화 시리즈에서 출발했다. 『왜?』는 1998년까지 100만 부 이상 판매된 인기 학습 만화였다. '과학생활 만화학습'이라는 부제가 붙은 『왜?』 시리즈는 '우주는 왜', '지구는 왜' 등 아이들이 항상 물어보는 '왜 그럴까?'에 대해 만화로 쉽게 풀어 주자는 목적으로 만들어졌다.

10년이 지난 책을 리뉴얼하면서 예림당은 글로벌 시대에 맞게 책 이름을 'Why?'로 바꾸었다. 만화는 컴퓨터에 익숙한 아이들의 눈높이에 맞춰 좀 더 화려하고 생동감 있게 그려 넣었다. 내용과 주제도 시대의 흐름에 맞게 컴퓨터, 환경 등으로 넓혔다.

'Why?'는 처음에 마트를 공략했다. 마트의 서적 코너는 부모가 장 보는 동안 아이들이 책을 읽는 공간으로, 어린이 책 판매에 중요한 역할을 하고 있었다. 그러나 좋은 내용이고, 학습과 연계되어도 만화책을 사달라는 아이에게 선뜻 지갑을 여는 부모는 없었다. 서점과 마트에서 서너 달에 한 권 꼴로 출시되는 'Why?'는 과학에 특별히 관심이 있는 아이들에게만 팔리는 책이었다.

'Why?'의 운명이 바뀐 것은 2004년 4월 홈쇼핑에 진출하면서부터다. 주부들의 교육열을 자극해 학습 만화를 팔아보자는 MD의 제안에 홈쇼핑 사 내부에서도 회의적인 반응이었다.

그러나 우려 속에 진행한 첫 방송의 결과는 '매진'이었다. 만화책이 아니라 '교과서와 연계된 과학 선행 학습서'를 판매했기 때문이다. 실제 초등학생 자녀를 둔 주부 쇼호스트와 인터넷 교육 업체의 인기 과학 강사가 나와 "아이의 과학 교육 어떻게 할 거냐"고 하면서 학부모들의 아픈 곳을 건드렸다. 영어, 수학은 학원이나 과외를 통해 학교 밖에서 배울 수 있는 기회가 많지만, 과학은 마땅히 보낼 학원이 없었다. 학창 시절, 공부 꽤나 했던 엄마들이 초등학생 자녀에게 국·영·수를 직접 가르치는 것은 가능하지만, 원리와 배경지식이 있어야 하는 과학은 아킬레스건이었다.

하지만 홈쇼핑을 통해 과학이라면, 만화라면 질색이었던 엄마들은 책장을 넘기지 않고도, 가만히 소파에 앉아 방송 화면을 보며 책 내용을 살펴볼 수 있었다.

교과서를 샅샅이 뒤져라!

과학 학습 만화로 시작한 'Why?'는 2009년 한국사와 세계사를 추가하며 마케팅에 큰 변화를 가져온다. '과학 선행 학습서'의 콘셉트를 '통합 교과에 대응하는 책'으로 바꾼 것이다.

당시 CJ오쇼핑의 'Why?' 담당 MD였던 권선혜 부장은 초등학교 3학년 딸의 국어 교과서를 보고 깜짝 놀랐다.

"국어 책에 과학, 역사와 관련된 내용이 가득했어요. 그 순간 'Why?'의 콘셉트를 '과학 선행 학습서'가 아니라 '통합 교과를 위한 준비서'로 잡아야겠다는 생각이 들었죠."

권 부장의 제안으로 예림당은 초등학교 1학년부터 6학년까지 전 과목 교과서를 샅샅이 뒤져 'Why?'와 연계된 부분을 찾았다. 교과서는 'Why?' 마케팅의 보고寶庫였다. 'Why?' 판매 방송에서는 교과서의 한

부분을 보여 주고, 이에 해당하는 내용을 담고 있는 'Why?'의 페이지를 보여 주었다. 예를 들어 4학년 1학기 과학 교과서 중 물이 수증기가 되는 내용은 'Why?'의 과학 '물' 편, 5학년 1학기 사회 교과서 중 선사 주거지 관련 내용은 'Why?'의 한국사 '나라의 시작' 편과 연계되었음을 보여 주었다.

글보다는 이미지 위주로 구성되어 있고, 답을 알려 주기보다 문제를 제시하는 요즘의 교과서는 'Why?' 마케팅의 좋은 수단이었다. 교과서뿐 아니라 전과도 'Why?'를 돋보이게 만들기 위한 조연으로 동원되었다.

"교과서는 '실험해 보자'고만 하죠? 전과는 답만 알려 줘요. 그럼 그 원리는 누가 알려 줄까요? 바로 'Why?'입니다."

'Why?'는 책 방송이 화장품, 주방 기기처럼 '시연'이 어렵다는 편견을 보기 좋게 무너뜨렸다. 'Why?' 이후 교과 과정과 연계한 화법은 홈쇼핑 도서 판매의 정석이 되었다. 고학년 이상을 대상으로 판매하는 삼성출판사의 '삼성 주니어 필독선'은 교과서 대신 수능 시험 문제지를 들고 나왔다. 예를 들어 2014년 수학능력시험에서 '국어A'의 41~43번 문제는 『홍길동전』, '생명과학I'의 5번 문제는 『다윈의 종의 기원』과 연계돼 있으니, 수능 시험을 위해서라도 삼성출판사가 권하는 주니어 필독 도서를 꼭 읽으라는 호소였다.

잘 모르니까 그냥 살게요

홈쇼핑의 대표적 '묻지마 구매'는 컴퓨터라고 한다. IT 관련 기자가 쓴 〈홈쇼핑표 '최신' 노트북의 비밀〉이라는 기사에서 지적한 부분을 보자.

> "인텔의 가장 최신 기반은 제3세대 아이비브릿지거든요? CPU(프로세서)를 보시려면 3세대 아이비브릿지인 것을 확인하세요! 오늘 최고 사양을 가져가세요!"
>
> → 애석하게도 3세대 아이비브릿지는 인텔의 최신 프로세서가 아니다. 지난 6월에 이미 4세대 제품인 '하스웰'이 출시되었기 때문이다. 그리고 이 노트북에 탑재된 프로세서의 구체적인 모델명은 '펜티엄 2177U'다. 참고로 요즘 팔리는 인텔의 주력 프로세서 브랜드는 고급형인 '코어 i7'과 중급형인 '코어 i5', 그리고 보급형인 '코어 i3'다. 펜

티엄은 코어 i3보다도 하위 등급이다. '최고 사양'이라 칭하기엔 조금 민망한 것이 사실이다.

"외장형 지포스 그래픽카드 1GB가 들어갑니다. 끊김 없는 화면을 볼 수 있다는 이야기죠! 외장 그래픽카드 성능이 없으면 'X표'나 '로딩 중'이라고만 나와서 답답할 거예요!"

→ 해당 제품에 탑재된 GPU(그래픽카드의 핵심칩)는 '지포스 710M'이다. 지포스 700 시리즈 중에서 가장 등급이 낮은 저가형 모델이다. GPU 자체의 구동 능력이 떨어지면 속도 저하가 심각하므로 고용량 비디오 메모리의 의미가 없다는 점을 알아 둘 필요가 있다. 저가형 GPU 에 고용량 비디오 메모리는 거의 숫자놀음에 불과하다는 의미다.

(IT동아 김영우 기자, 2013년 9월 4일)

홈쇼핑의 주 타깃 층은 30~40대 주부들이다. 화장품, 패션, 생활 용품은 본인이 익숙한 분야라, 무작정 쇼호스트의 말만 믿고 사지는 않는다. 그러나 주부들의 관심 밖 분야에서는 이야기가 달라진다. 쇼호스트의 말이 절대적으로 작용하고, 없던 관심도 생기게 만든다.

'Why?'는 없던 관심을 만들어 낸 상품이다. 경영학 용어로는 새로운 시장을 개척하고 수요를 창출한 것이라 하겠지만, 그보다는 소비자들이 관심은 있었지만 애써 외면하던 시장을 공개적으로 끌어낸 상품이라 할 수 있다. 여성들이 숨기고 싶었던 갱년기 문제를 공론화해 여성호르몬 시장을 석권한 백수오궁처럼 말이다.

교육은 모든 학부모들의 관심사이다. 그러나 과학은 국어, 영어, 수학에 가려져 중요성 대비 시급성을 인정받지 못했다. 무엇보다 파고들면 들수록 어려워 부모들을 도망가게 만드는 것이 문제였다.

"학교 성적은 '국·영·수·사·과'가 제일 중요하다는 거 아시죠? 그런데 요즘 애들 학원 많이 다녀서 국·영·수는 다 잘해요. 결국 사회와 과학이 좌우하는 거예요!"

쇼호스트가 사회, 과학의 중요성에 대해 위기감을 불러일으키면, 옆에 앉은 인터넷 교육 업체의 스타 강사가 차분한 목소리로 거든다.

"걱정 마세요. 'Why?'가 친절하게 다 알려 줄 거예요. 암기 과목도 흐름을 알고 외우면 더 잘 외워지잖아요."

만화책이 아니라, 'Why?'예요!

주부 소비자들에게 'Why?' 과학은 '노트북 컴퓨터'와 같이 어려운 상품이라 '묻지마 구매'가 가능했다. 노트북 컴퓨터는 기술의 발전에 따라 계속 업그레이드가 되지만, 책의 내용이나 디자인을 계속 바꿀 수는 없는 일. 'Why?'는 과학 이외의 분야를 추가함으로써 브랜드에 신선함을 불어넣고 판매가를 올릴 수 있었다.

2009년 'Why?' 한국사 판매를 앞두고 CJ오쇼핑은 주부 모니터 요원을 대상으로 FGI(Focus Group Interview, 집단 심층 면접법)를 벌였다. 권선혜 부장은 "만화책인데도 사 주겠느냐?"는 질문에 "'Why?'는 만화책이 아니에요! 그냥 'Why?'예요!"라고 답하는 주부들을 보며 깜짝 놀랐다고 한다.

2004년 12권 99,000원으로 시작했던 'Why?'는 10년이 지난 현재,

151권 1,247,300원에 판매되고 있다. 무이자 12개월 할부를 적용하더라도, 한 달에 10만 원이 넘는 돈이다. 그럼에도 불구하고 네 개 홈쇼핑 사에서 꾸준히 방송을 할 만큼 현재까지도 수요가 줄지 않고 있다.

'Why?'는 초등학생을 대상으로 한 학습 만화이지만, 6~7세 자녀를 둔 부모들이 가장 많이 구입한다. 빠르면 5세 자녀에게 읽히기도 한다. 엄마들 사이에 '초등학교 가서 보면 이미 늦다'는 위기의식이 자리 잡고 있기 때문이다. 출산율이 저하됐다지만 한 부부가 둘째, 셋째 낳는 게 줄어든 거지, 자녀가 있는 가구 수가 줄어든 것은 아니다. 게다가 '하나밖에 없는 자식'에 대한 투자는 더욱 늘어난다. 예림당이 중고책 시장을 두려워하지 않는 이유다.

예림당은 'Why?' 시리즈 중 가장 인기가 높은 과학 분야 10권을 영어로 번역해 출간했다. 번역본 외에 여러 가지 유형의 문제(Vocabulary, Reading Comprehension, Summary, Speaking, Puzzle)를 풀며 영어판의 내용을 잘 이해했는지 확인할 수 있는 문제집과 단어장, 오디오 CD도 출시했다. '영어판 보고 한국어판 보고, 한국어판 보고 영어판 보고!'라는 광고 카피는 또 한 번 학부모들의 교육열을 자극한다.

하나의 콘텐츠를 다방면에서 사용하는 'Why?'의 '원 소스 멀티 유즈 one source multi use' 정책은 애니메이션, 보드게임으로도 확장돼 좋은 반응을 얻고 있다. 'Why?'가 이렇게 다양하게 형태를 바꿔가며 장수하는 데는 뛰어난 콘텐츠도 중요한 역할을 했다. 꼭 필요한 정보를 한눈에 볼 수 있는 생생한 사진과 과학적 원리를 쉽게 풀어 주는 세밀한 일러스트, 핵심 정보가 가득한 'Tip 박스'가 책을 돋보이게 하는 것이다.

'Why?'를 출시하기 전, 예림당은 300페이지 5권짜리 『학습대백과』라는 백과사전을 만들었다. 'Why?'를 만든 백광균 이사가 1990년 예림당에 입사하자마자 시작한 일로, 읽는 것보다 보는 것이 강조되는 책이었다. 사진을 얻기 위해 전국의 박물관, 공공 기관, 연구소를 다니고, 직접 사진을 찍기 위해 전국은 물론 중국까지 헤매고 다녔다. 좋은 사진은 렌탈비도 아끼지 않아, 권당 사진 값만 900만 원씩 쓰기도 했다.

비록 『학습대백과』는 비싼 가격과 적당한 유통처를 찾지 못해 실패하고 말았지만, 이때 쌓은 비주얼에 대한 노하우는 'Why?' 시리즈를 만드는 데 중요한 원천이 됐다. 단순한 학습 만화가 아닌, 이미지 정보가 풍부한 '레퍼런스북'이라는 명성을 얻게 만들었다.

엄마한테 'Why?' 하지 않아 좋아요

'Why?'는 아이들에게도 인기가 많지만, 엄마들이 다른 엄마들에게 추천하면서 규모를 키웠다. 마치 좋은 화장품이나 다이어트법을 추천하는 것처럼, 당신의 자녀가 아니라 당신 자신을 위해 좋다고 소개하는 것이었다.

엄마들이 'Why?'를 좋아하는 이유는 'Why?'의 탄생 배경과도 일치한다. 아이들이 '왜?'라고 묻는데 일일이 대답해 주는 번거로움을 'Why?'가 대신하기 때문이다. 'Why?' 자체가 아이들이 주로 묻는 질문에서 주제를 뽑아 책을 만들었기 때문에 엄마들의 대답을 대신해 준다.

과학 시리즈 중 '사춘기와 성'은 난감한 '왜'와 '왜냐하면'을 대신해 주는 책이다. 어른이 되어 가는 신체의 변화, 아기가 생기는 과정, 자위행위 등의 민감한 내용을 자세히, 그러나 자연스럽게 설명해 준다. 남녀의 성기와 성행위를 '과학'으로 받아들이게 한 점도 이 책의 장점이다. 이 책의 감수는 '한국여성민우회 성폭력상담소'에서 맡아, 뜬구름 잡는 이야기가 아닌 실질적인 성교육을 해 준다.

'Why?'가 강조하는 장점 중 하나는 '꼬리에 꼬리를 무는 독서'이다. 'Why?' 한 권을 읽다 보면 연결된 다른 내용이 궁금해 다른 'Why?'까지 찾아 읽는다는 주장이다. 아이들이 '꼬리에 꼬리를 무는 검색'으로 이상한 웹사이트에 접속할까 봐 늘 두려운 학부모 입장에서는 예림당의 주장에 솔깃해진다.

부모가 기쁠 때 중 하나는 자녀가 돈값을 할 때다. 아이가 외국인과 대화하는 모습을 보며 그동안 영어 학원에 낸 돈이 아깝지 않게 느껴지는 것처럼, 아이의 입에서 엄마도 모르는 유식한 이야기가 튀어나올 때 엄마들은 'Why?'를 사 준 보람을 느낀다.

'Why?'를 보는 것은 자녀이지만, 결국 돈을 내는 것은 부모이다. 선물을 받는 사람도 기뻐야 하지만, 선물을 하는 사람도 뿌듯해야 한다.

왜 꼼지와 엄지는 매번 얼굴이 바뀔까?

'Why?' 과학 시리즈에는 꼼지라는 장난꾸러기 남자아이와 엄지라는 똘똘한 여자아이가 등장한다. 그리고 주제에 따라 전공이 다른 박사님이 등장한다. 그런데 책마다 꼼지와 엄지의 외모가 다르다. 머리

색깔이 바뀌기도 하고, 눈, 코, 입의 크기가 달라지기도 한다. 말투도 딴 사람 같다.

당연하다. 책마다 글쓴이와 그림 그리는 이가 다르기 때문이다. 보통 작가나 만화가는 출판사와 '인세 계약'을 맺어 책이 팔리는 만큼 돈을 받는다. 그러나 'Why?'는 매 권마다 글 작가와 그림 작가를 따로 섭외해 기획료 개념으로 비용을 지급한다. 'Why?'의 저작권이 작가에게 있는 것이 아니라 출판사에 있기 때문에 작가에게 판매 부수에 따라 돈을 줄 필요가 없다. 책의 내용이 다음 책과 연결되는 것이 아니기 때문에 꼼지와 엄지의 얼굴이 좀 바뀌어도 책을 읽는 아이들은 크게 신경 쓰지 않는다.

작가에게 나가는 인세가 없다 보니, 'Why?'는 책을 처음 기획해서 만들 때의 비용만 나가고 이후에는 인쇄비만 소요된다. 생산 원가가 낮아 홈쇼핑에서 정가 대비 25퍼센트씩 할인 판매가 가능한 것이다. (25퍼센트는 'Why?' 시리즈만의 가격이고, 사은품으로 나가는 다른 도서와 책장, 식물원 입장권 등을 포함하면 50퍼센트 가깝게 할인 판매를 하는 셈이다.)

최근 신간과 구간을 가리지 않고 도서 할인 폭이 15퍼센트를 넘지 못하도록 규정한 '도서정가제'가 국회 본회의를 통과했다. 영세한 출판사와 동네 서점을 보호하기 위한 이 제도가 시행되면, '반값 할인'이 일상사인 홈쇼핑의 타격이 클 것이라는 전망이다.

그러나 수백만 원짜리 디자이너의 옷을 '홈쇼핑 버전'으로 수만 원에 팔아 본 홈쇼핑 사들은 이런 제도에 겁먹지는 않을 것이다. '정가 대비 몇 퍼센트'라는 표현만 못 쓸 뿐, '홈쇼핑용 정가'를 따로 만들

수도 있고, 본품보다 유혹적인 사은품이 나올 수도 있다. 예림당도 'Why?' 매출의 50퍼센트 이상을 차지하는 홈쇼핑 영업에 수동적으로 대처하지는 않을 것이다. 출판 업계의 원로이지만, 주주 이익을 극대화해야 하는 코스닥 등록 기업이기도 한 예림당의 선택에 이목이 집중되고 있다.

한국 과학 만화가 핀란드 수학 교과서처럼 될 수 있을까?

2012년 8월, 예림당은 세계 4대 도서전 중 하나로 꼽히는 베이징국제도서전에서 'Why?' 과학 시리즈 10권의 영어판 런칭 행사를 가졌다. 이미 중국어판으로 출시돼 높은 학구열의 중국 부모들에게 입소문을 탄 'Why?'가 영어판까지 추가하며 중국 학부모들의 환심을 얻으려는 것이었다.

'Why?'는 세계에서 인구 대비 어린이 비율이 가장 높다는 인도에도 진출했다. 'Why?'는 2012년 11월 CJ오쇼핑의 인도 홈쇼핑 채널인 〈스타CJ〉를 통해 'Why?' 과학 영어판을 방송했지만 아직 홈쇼핑을 통해 책을 산다는 것 자체가 낯설기 때문에 방송 결과는 기대에 못 미쳤다. 국내외를 막론하고 홈쇼핑을 통한 도서 판매는 오프라인에서 어느 정도 명성을 얻어야만 성과를 가늠할 수 있는 일이다.

그래서 예림당은 홈쇼핑 한류 바람이 가장 센 인도네시아에 기대를 걸고 있다. 'Why?'는 인도네시아에 처음으로 소개된 학습 만화로, 주요 서점에서 단독 코너가 생길 만큼 인기를 얻고 있다. 오프라인에서 쌓은 명성을 바탕으로 한국식 생활 방식을 선망하는 인도네시아

www.locknlock.com

잠그지만 않고,
열어도 드립니다

엄마들의 욕구를 자극한다면, 인도네시아 홈쇼핑에서 충분히 승부를 걸어 볼 만하다.

최근 우리나라에서는 '핀란드 수학 교과서'가 초등학생 자녀를 둔 학부모 사이에서 인기를 끌었다. 핀란드의 초등 수학 교과서는 생활 속에서 수학을 활용할 수 있도록 가르치는 것이 특징이다. 우리나라의 개정 수학 교육 과정의 목표와 맞닿아 있다는 것이 알려지면서 주목을 받았다. 몇 년 전부터 번진 북유럽 스타일을 동경하는 '스칸디나비안 맘(스칸디맘)'의 유행도 한몫을 했다.

한국에 '스칸디맘'이 있다면, 동남아에는 한국 드라마를 보고, 한국 화장품을 바르며, 한국의 주방 도구로 요리하는 한국식 라이프 스타일을 선망하는 '코리안맘'이 있다. 세련된 한국 엄마들의 자녀 교육법과 한국식 과학 교육법인 'Why?'가 만난다면 중국과 동남아에서 한바탕 'Why?' 붐을 일으킬 수도 있다. 문제집을 풀고 책을 읽는 것은 아이들이지만, 그들의 책값을 내는 것은 엄마들이니까.

'Why?'의 성격과 용도를 정하는 것은 출판사가 아니라 소비자이다. 'Why?'가 한국에서는 과학 선행 학습서가 되었지만, 동남아에서는 초등 한류 입문서가 될 수도 있다는 뜻이다.

홈쇼핑 방송을 보다가 "저 브랜드는 뭐지?" 하며 눈길이 간다거나 "참, 사고 싶게 만드네" 하는 브랜드가 있다면, 수입사 또는 투자사를 살펴보길 바란다. '락앤락'이라는 익숙한 이름을 발견할 것이다.

최근 홈쇼핑에 인테리어 수납 붐을 몰고 온 이태리의 수납 브랜드 '똔따렐리Tontarelli'. 브라운과 아이보리의 세련된 디자인으로 옆 방송의 락앤락 '리빙박스'를 자극할 것 같은데, 자세히 보니 똔따렐리의 수입원이 락앤락이란다.

파스텔톤 디자인으로 눈길을 사로잡는 네오플램 주물냄비. 철수세미 5만 회 실험과 같은 극단의 실험 결과가 어디서 많이 본 방법이다. 10년 전 300만 번의 내구성 실험으로 주목을 받았던 락앤락 밀폐 용기가 떠오른다. 이 회사, 락앤락이 3대 주주란다.

홈쇼핑에 셀프 염색 바람을 일으킨 동성제약의 '버블비'. 출시 1년 만에 500만 개를 팔고, GS샵 이미용 부문 1위를 차지하더니 중국 홈쇼핑에 진출한다는 기사가 나온다. 그런데 락앤락이 유통을 대행한단다.

홈쇼핑과 관련해 락앤락의 손길이 뻗어 있는 것들은 이외에도 많다. 홈쇼핑 성공 신화를 이야기할 때 빠지지 않고 등장하다가 한동안 조용했던 락앤락이 다시 날갯짓을 하고 있다. 자신의 성공 방정식을 새로운 상품에 적용하고 후발업체들에게 전수해 주면서 말이다.

락앤락Lock&Lock이라는 이름처럼 꽁꽁 닫고 사는 줄 알았는데, 알고 보니 이 회사, 열리고 또 열린 회사였다. 밀폐 용기만 만드는 줄 알았는데 가구도 만들고, 한국에서만 유명한 줄 알았는데 중국에서는 더 유명하고, 자기 것만 파는 줄 알았는데 남의 것은 더 잘 파는 회사이다.

락앤락은 홈쇼핑의 생리를 누구보다 잘 알고 적절히 활용한 회사이다. 락앤락은 홈쇼핑이 좋아할 만한 물건을 만들었음에도 브랜드 파워가 없어 방송이 안되자, 해외 홈쇼핑을 먼저 공략했다. 해외에서 인기를 끌자 거꾸로 국내 홈쇼핑 사들이 러브콜을 보냈다. 외국에서 인정받았다는 애국심 마케팅과 제품 사용 전후가 눈으로 확인되는 완벽한 시연 덕에 락앤락 밀폐 용기는 홈쇼핑 최고의 히트 상품이 되었다. '저렇게 팔아 댔는데 뭐가 또 있을까' 싶으면 새로운 것을 들고 홈쇼핑에 나타나 건재함을 과시했다.

락앤락은 미국에서 인정받은 제품에 한국이 열광했듯이, 한국에서 사랑받은 제품으로 중국에 진출해 10억 인구를 사로잡았다. 중국이 포화 상태다 싶으니 베트남으로 넘어갔다. 세상에는 아직 정리를 필요로 하는 사람이 많으니까.

락앤락은 홈쇼핑을 발판으로 성공했지만 홈쇼핑을 떠나서도 승승장구했다. 오히려 홈쇼핑 밖에서 더 명품 대접을 받는다. 홈쇼핑에서 인기를 끌면 돈을 얻는 대신 이미지를 잃는다고 생각하는 사람들에게 락앤락은 연구해 볼 만한 대상이다.

홈쇼핑 따거(大哥, 큰형)의 귀환

락앤락은 중국에서 삼성전자나 현대자동차만큼이나 유명한 기업이다. 중국 기업브랜드 연구센터가 발표한 '2014년 중국 브랜드 파워지수'에서 락앤락은 밀폐 용기 부문 3년 연속, 보온병 부문 2년 연속 1위에 올랐다. 상하이에서는 브랜드 인지도가 99퍼센트에 달하는 것으로 조사되기도 했다. 오히려 한국에서보다 중국에서 더 유명한 회사라 해도 과언이 아니다.

거래소 상장기업인 락앤락의 2014년 매출액은 5,017억 원이다. 이중 절반이 넘는 2,730억 원이 중국에서 거둬들인 돈이다. 한국의 매출은 36퍼센트에 불과하다. 락앤락은 2004년 중국에 진출해 수많은 성공 신화를 썼다. 10년간 중국에서 열심히 제품을 알리고 브랜드를 관리한 덕에 할인점 6,600여 개, 백화점 300여 개, 홈쇼핑 채널 20여 개, 인터넷쇼핑몰 60여 개에서 락앤락이 팔리고 있다.

락앤락이 중국에서 승승장구하는 동안 한국에서는 이렇다 할 히트 상품이 보이지 않았다. 오히려 제품명에 '락'자를 붙인 경쟁 제품이 시장을 잠식하고, 락앤락에서 만든 제품과 비슷한 물건들이 쏟아지며 소비자들을 혼란스럽게 만들었다. 락앤락이 한국에서 '락lock이 걸렸다'는 이야기도 나왔다. 10년쯤 쉴 새 없이 달렸으니 이쯤에서 숨 고르기가 필요할 때도 됐다.

한국은 전문 경영인에게 맡기고, 해외 사업에 전념하던 김준일 회장이 다시 전면에 나섰다. 락앤락의 성공 신화를 썼던 김 회장은 회사 홈페이지에 글을 남기며 임직원들에게 재도약을 강조했다. 해외 사업에 집중하느라 몇 년째 조용했던 한국에서 다시 락앤락 열풍을 만들어 내려고 한다.

락앤락, 퍼플오션을 만들다

이미 수많은 회사들이 치열하게 경쟁하고 있는 시장을 레드오션이라고 부른다. 반면 광범위한 성장 잠재력을 갖고 있음에도 경쟁이 치열하지 않은 시장을 블루오션이라고 한다. 레드와 블루를 섞으면 퍼플이 되듯, 퍼플오션은 치열한 경쟁이 펼쳐지는 레드오션에서 새로운 아이디어나 기술을 적용해 자신만의 블루오션을 만드는 것을 말한다. 기업들은 블루오션을 찾는 데 따르는 위험 요소와 비용을 최소화하면서 차별화를 통해 레드오션에서 벗어나기 위해 퍼플오션 전략을 쓴다.

락앤락은 퍼플오션 전략을 활용해 성공한 대표적인 기업이다. 락앤락이 처음 등장했을 때 이미 수백 개의 밀폐 용기 브랜드가 난립하고, 강력한 소비자 파워를 가진 몇 개의 브랜드가 시장을 장악하고 있었다. 그러나 락앤락은 '4면 결착 방식'이라는 새로운 콘셉트로 레드오션에 진출해 밀폐 용기 시장의 판도를 바꾸었다. 락앤락은 정체된 한국 시장의 해결책을 이번에도 퍼플오션에서 찾았다. 이미 포화되었다고 생각한 시장에 락앤락만의 차별화 포인트를 갖고 뛰어든 것이다.

국내에서 락앤락 부활을 이끈 건 역시 밀폐 용기였다. 락앤락의 밀폐 용기는 락앤락이 광고한 대로 떨어뜨려도 깨지지 않고, 음식을 아무리 담아도 색이 배지 않는다. 그렇게 잘 만들어 놓은 것을 버리고 다시 사라고? 그래서 락앤락은 냉장고 문짝을 주목했다. 냉장고 내부는 락앤락 밀폐 용기가 냉동실까지 다 점령해서 더 이상 들어갈 공간이 없었다. 주부들은 냉장고 문 안쪽에 주로 소스나 병 종류를 넣거나 비닐봉지에 식재료를 담아 '쑤셔' 넣고 있었다. 냉장고 문을 열 때마다 쌓아놓은 용기나 비닐이 떨어지는 것이 문제였다. 결국 냉장고 문짝 수납에서 가장 중요한 것은 '쌓기' 기술이었다. 잘만 쌓는다면 냉장고 문짝도 꽤 효율적으로 사용할 수 있는 공간이었다.

락앤락 디자인팀은 레고 블록 놀이의 원리를 차용했다. 밀폐 용기의 뚜껑과 몸체 바닥을 레고 블록처럼 붙였다 떼어 냈다 할 수 있게 했다. 락앤락이 개발한 '인터라킹시스템inter-locking system'은 뚜껑의 홈과 몸체 바닥의 돌기를 조립하듯이 부드럽게 돌려 줌으로써 결착이 완성되는 구조이다. 누구나 쉽게 돌려 결착이 가능하지만 의외로 단단히 고정되기 때문에 냉장고를 열었을 때 굴러 떨어질 염려가 없는 것이 장점이다. 결착 시스템과 유사하게 뚜껑도 돌려서 열고 닫는 방식이어서 남녀노소 누구라도 간편하게 사용할 수 있다.

2012년 말 홈쇼핑을 통해 첫선을 보인 냉장고 문짝 정리 용기 '인터락'은 출시 1년 만에 누적 판매 813만 개를 기록했다. 모두가 레드오션이라 알고 있던 밀폐 용기 시장에 아직 파란 부분이 남아 있음을 보여 주는 신호였다. 인터락과 함께 락앤락의 국내 홈쇼핑 매출을 이끌고 있는 제품은 수납 용품 '똔따렐리'다. 똔따렐리는 유럽 주부들에게 널리 사랑받고 있는 이탈리아의 생활용품 브랜드로, 락앤락이 2013년부터 수입해 선보이고 있다. 서랍장이나 소품 바구니는 이태리에서 직수입하고, 패브릭fabric으로 만든 수납함은 중국 공장에서 생산해 똔따렐리의 상표를 부착해 판매 중이다.

똔따렐리는 동남아 가구에서 흔히 볼 수 있는 라탄을 무늬화해 원목의 느낌은 살리면서도 소재의 실용성을 강조한 상품이다. 옷이나 장난감 등을 넣을 수 있는 수납함 시장도 이미 포화 상태라 생각했는데, 락앤락이 똔따렐리를 들고 나오면서 다시 살아나고 있다. 경쟁 업체들이 실용성만을 강조하면서 얼마나 많이 수납할 수 있느냐만을 봤다면, 락앤락은 기존의 가구를 보완할 수 있는 '세컨드 가구'의 개념으로 수납함을 바라봤다.

락앤락은 2007년 밀폐 용기 브랜드로 굳어진 이미지를 종합 생활용품 브랜드로 전환하기 위해 패브릭 수납함 '리빙박스'를 선보였다. 옷장에 꾸역꾸역 쑤셔넣거나 행거에 지저분하게 걸어놓았던 옷들을 리빙박스에 넣어 침대 밑이나 옷장 위 같은 자투리 공간을 활용해 수납하는 게 포인트였다. 리빙박스는 밀폐 용기에 이어 대한민국 주부들의 정리욕에 다시 불을 지폈다는 평을 받으며 폭발적으로 성장했다.

특히 전셋값이 폭등하며 이사를 가는 대신 현재의 주거 공간을 효율적으로 활용하는 움직임이 일자 리빙박스의 수요도 늘어났다. 한동안 홈쇼핑 히트 상품 순위에서 안 보이던 락앤락이 다시 이름을 올린 것도 리빙박스 덕분이었다. 리빙박스는 2010년 현대홈쇼핑 히트 상품 2위, CJ오쇼핑 히트 상품 3위를 차지했다.

수납함은 닳거나 부서지는 것이 아니기 때문에 밀폐 용기처럼 시장에 한계가 있다고 생각했다. 그러나 락앤락은 수납함의 소재와 디자인에 변화를 주면서 본인이 만들었던 레드오션을 다시 퍼플오션으로 바꾸었다.

락앤락이 만들어 낸 한국 주부들의 유별난 정리벽

인터락 방송을 보고 있으면 갑자기 냉장고 정리가 하고 싶어진다. 멀쩡히 유리통에 담겨 있는 참깨도 인터락에 옮겨 담아 문짝에 넣고 싶고, 랩으로 싸서 야채 칸에 잘 보관한 당근도 인터락에 옮겨 문짝으로 이동시키고 싶다. 10여 년 전 락앤락 4면 밀폐 용기 방송을 처음 봤을 때 그랬는데, 세월이 흘러도 락앤락의 정리 시연을 통한 유혹은 당해 낼 재간이 없다.

락앤락은 2001년 국내 홈쇼핑에 처음 진입해 불과 1년 만에 밀폐 용기 시장을 장악해 버렸다. 락앤락의 성공에는 기술력, 마케팅력, 영업력 등 여러 가지 요소가 복합적으로 작용했지만 우리나라 주부들의 유별난 정리벽도 한몫을 했다. 흔히 수납의 여왕이라고 하면 일본의 주부들을 떠올린다. 일본은 좁은 주거 환경을 효율적으로 사용하기 위한 수납의 기술이 예전부터 발달해 왔다. 수납과 관련된 전문 잡지나 서적도 많고, '정리 컨설턴트'라는 새로운 직업도 만들어 냈다.

일본 주부들은 못 쓰는 상자를 재활용해 수납 공간을 만들고, 싱크대 구석까지 빈틈 없이 물건을 넣을 수 있게 공간을 활용하는 것을 미덕으로 여겼다. 한편 한국 주부들은 공간을 효율적으로 활용할 수 있도록 수납을 하되, 통일된 콘셉트를 좋아했다. 뭐든지 '세트'로 구매하는 것을 좋아하는 습성 때문이다.

밀폐 용기는 각각의 크기마다 금형을 만들어야 하기 때문에 종류를 다양화하려면 많은 비용이 든다. 락앤락 이전에 등장했던 다른 브랜드가 5~6개의 모델을 선보인 데 비해, 락앤락은 처음부터 10여 가지가 넘는 제품 모델을 출시했다. 그렇게 다양한 크기의 밀폐 용기를 여러 개 주니 냉장고를 락앤락으로 '도배'할 수 있었다.

주부들에게 인기를 얻을수록 락앤락은 다양한 크기와 형태의 제품을 내놓았다. 처음에 정사각형 반찬통만 구입했던 주부들은 커다란 김치통을 구입하고, 기다란 파스타통을 구입하면서 냉장고와 찬장 안을 락앤락으로 통일시켰다. 리빙박스도 마찬가지다. 처음에는 철 지난 옷 몇 벌을 정리하려고 홈쇼핑에서 몇 박스를 구매했는데 하다 보니 장난감이나 책도 리빙박스에 넣게 되면서 점점 집 안의 수납함을 락앤락으로 통일하게 되는 것이다.

우리나라 주부들의 유별난 '세트 선호'는 주방용품에서 특히 두드러지는데 국그릇, 밥그릇, 접시 등을 '6인조', '8인조'와 같이 세트로 구성해 파는 방식은 지금도 홈쇼핑의 인기 구성이다.

주부들에게 락앤락은 레고처럼 계속해서 블록을 추가해 쌓고 싶은 장난감 노릇을 했다.

홈쇼핑은 애국심을 좋아해

락앤락 밀폐 용기가 한창 홈쇼핑에서 인기를 끌 때, 인터넷에는 '락앤락은 어느 나라 건가요?'와 같은 질문이 올라왔다. 브랜드명도 영어인데다, 미국을 비롯한 해외 여러 나라에서 판매되고 있다는 점이 국적에 의문을 품게 했다.

락앤락의 김준일 회장은 1998년 '잠그고 또 잠가lock & lock 전혀 새지 않는 밀폐 용기'를 만들었다. 대박을 꿈꾸고 마트에 내놓았지만 주부들이 신기해만 할 뿐 집어가지는 않았다. 처음 보는 브랜드인데다, 제품을 들고 네 개의 잠금장치를 열어 보는 것을 귀찮아했기 때문이다. 설명이 필요한 상품이었기 때문에 홈쇼핑에서 보여만 준다면 성공에 자신이 있었다. 하지만 홈쇼핑 담당자들도 처음 보는 브랜드에 대해 선뜻 결정을 내리지 못했다.

마트에서는 소비자들에게 외면받고, 홈쇼핑에서는 MD라는 1차 관문도 통과를 못했지만, 김준일 회장은 2000년 4월 홍콩에서 열린 주방용품 전시회에 락앤락 밀폐 용기를 출품했다. 부스를 지키던 직원이 락앤락 통 안에 물을 넣고 빙빙 돌리고 있는 모습을 지나가던 캐나다의 바이어가 발견했다. 그는 미국 최대 홈쇼핑 채널인 QVC에 이 제품을 팔면 대박이 날 것이라며 독점 계약을 제안했다. 하지만 몇 달 후 계약 취소 통보가 날아왔다. 홍콩 전시회 이후 값싼 카피 제품이 벌써 시장에 퍼져 승산이 없다는 이유였다.

김준일 회장은 모험을 했다. 바이어가 대기로 했던 제작비는 물론, 팔리지 않을 경우 재고도 떠안을 테니 QVC에서 꼭 방송을 하게 해 달라고 부탁했다. 결과는 대성공! 락앤락 밀폐 용기 속에 지폐를 넣고 물속에 한참 넣었다 꺼내 뚜껑을 열었는데 조금도 젖지 않은 지폐를 보고 소비자들이 줄줄이 주문 전화를 했다. 첫 방송에서 5,000세트가 매진됐다.

락앤락은 QVC 방송을 준비하면서 홈쇼핑 마케팅에 대해 많은 공부를 했다고 한다. 20만 달러를 투자해 홈쇼핑 영상을 만들고, 미국의 인포머셜과 라이브 홈쇼핑을 모두 경험해 보며 선진 홈쇼핑 기술을 배운 것이 이후 한국에서의 홈쇼핑 진행에 큰 도움이 됐다.

해외에서의 성공이 소문을 타면서 국내 홈쇼핑에서도 연락이 왔다. QVC에서 고객들을 사로잡았던 판매 기술을 국내 홈쇼핑에도 그대로 적용했다. 2001년 LG홈쇼핑(현 GS샵)에 소개된 락앤락 밀폐 용기는 9회 연속 매진이라는 진기록을 세웠다.

홈쇼핑은 공중파 TV와 채널 번호를 나란히 한다. 공중파 프로그램의 성공과 실패 공식이 홈쇼핑에도 그대로 적용된다. 공중파 TV에서 독도 문제를 다루는데 옆 채널인 홈쇼핑에서 일본 물건을 팔 수 없고, 공중파 TV에서 수입 상품의 가격 거품을 논하는데 이웃 채널인 홈쇼핑에서 '해외에서 인기'라며 방송을 할 수는 없다. 그런 면에서 공중파 TV가 가장 좋아하는 '우리 기술력으로 해외에서 인정받았다'는 '성공시대' 같은 이야기는 홈쇼핑에서도 환영받는 주제이다.

락앤락의 애국심 마케팅은 2010년 주식시장에 상장할 때도 통했다. 상장 직전에 방영된, 락앤락 밀폐 용기에 이탈리아 사람이 파스타를 담고, 인도 사람이 커리를 담고, 멕시코 사람이 나초를 담으며 "여러분의 사랑에 힘입어 세계 103개국까지 왔습니다"라고 말하는 TV 광고는 주식 투자자들의 마음을 움직였다. 락앤락을 플라스틱 통이라 생각하며 쓰던 소비자들도 광고를 보고 자부심이 한껏 높아졌음은 물론이다.

락앤락 써포터즈, 락앤락을 구해 줘!

락앤락이 만든 밀폐 용기를 보면 '어떻게 이런 용도까지 생각해 냈나' 싶을 때가 있다. 시리얼통, 식빵통, 액세서리통 등 이러다 사람을 담는 통도 나오겠구나 싶다. 락앤락의 제품 개발 아이디어는 락앤락이 진출해 있는 전 세계 110여 개국의 소비자들의 생활 모습을 관찰하며 얻는다고 한다.

그리고 또 하나. 락앤락 소비자들을 위한 커뮤니티 공간 '락앤락 써 포터즈'의 적극적인 아이디어 개진에서 나온다. 락앤락 써포터즈(www. bethel.co.kr)는 28만여 명의 회원수를 자랑하는 대표적인 기업 커뮤니티이자 여성 커뮤니티이다. 2002년에 만들어졌으니 역사가 10년이 넘는다.

사이트에 들어가 보면 기업에서 의무적으로 만들어 운영하는 것이 아니라, 소비자들이 자발적으로 참여한다는 느낌이 든다. 사이트를 운영하는 회사도, 사이트를 이용하는 소비자도 참 열심히 소통한다는 생각을 갖게 만든다.

사이트는 써포터즈 회원을 위한 '특가 찬스'와 다양한 온오프라인 이벤트를 통해 회원들이 지속적으로 방문하게 만든다. 락앤락 조리 도구로 만드는 요리 클래스, 락앤락 물병과 함께 하는 걷기 이벤트, 락앤락 리빙박스를 이용한 수납 클래스처럼 회원들이 참여할 수 있는 프로그램이 많다. 락앤락과 상관없이 회원들끼리 필요 없는 물건을 올리고 판매하는 '직거래 장터'도 활성화돼 있다.

'락앤락 아이디어'라는 코너는 소비자들이 필요로 하는 락앤락 제품에 대한 아이디어를 올리는 공간인데, 락앤락은 이곳에 올라오는 회원들의 아이디어를 제품 개발에 적극 반영하고 있다. 껍질을 까고 남은 양파를 보관할 수 있는 '양파 케이스', 김밥 한 줄만 넣을 수 있는 '김밥 전용 용기', 남은 두부를 마르지 않게 보관하고 부서지지 않게 꺼낼 수 있는 '두부 전용 용기' 등이 락앤락 써포터즈 회원들의 의견이 반영되어 개발된 상품이다. 락앤락이 이처럼 커뮤니티 관리에 공을 들이는 것은 그들의 파워를 몸소 체험했기 때문이다.

2006년 환경호르몬 문제가 사회적으로 큰 이슈가 되면서 플라스틱 밀폐 용기를 만들던 락앤락은 직격탄을 맞았다. "우리 제품은 환경호르몬과 무관하다"고 호소했지만 매출은 급감했다. 회사가 존폐 위기에 빠진 순간, 락앤락 써포터즈 회원들이 발 벗고 나서 "락앤락 제품에서는 환경호르몬이 검출되지 않았다"며 열심히 주변에 알렸다. 그중에는 "잘못된 인식을 바로 잡기 위해 1인 시위를 하겠다"는 열성 회원도 있었다.

락앤락 써포터즈의 성공 요인은 '강요하지 않기'에 있다. 락앤락 써포터즈는 처음에 회원 중에서 운영자 두 명을 뽑아 6개월 임기로 사이트를 관리하도록 했다. 그들에게 활동비와 통신비를 지급하며 운영을 맡기니 락앤락 제품을 홍보하려고 억지 쓰지 않고, 회원들이 자발적으로 참여하는 커뮤니티 본연의 역할에 충실하게 되었다. 지금은 일반 주부가 도맡아 운영할 수 없을 만큼 회원이 늘어 락앤락에서 직접 관리하지만, 강요하지 않기의 전통은 계속 이어져 오고 있다.

홈쇼핑에서는 그렇게 하나라도 더 팔기 위해 안달인 회사가 커뮤니티에서는 이렇게 우아하게 고객들을 기다려 준다는 사실이 놀라울 뿐이다. 그게 바로 락앤락이 홈쇼핑 밖에서 더욱 인정받는 이유이기도 하다.

계절별, 지역별로 빈틈없이 팔아라

락앤락은 계절이 판매에 영향을 미치는 회사이다. 밀폐 용기는 설이나 추석 직후 남은 음식을 보관하기 위해서, 김장철 김치를 담기 위해서 많이 팔린다. 리빙박스는 봄, 가을 계절이 바뀌며 옷장을 정리할 때 많이 팔린다.

그럼 한여름에는 뭘 팔아야 할까? 락앤락은 물병에서 답을 찾았다. 락앤락의 보온·보냉병은 중국에서 먼저 인기를 끈 후 역으로 한국에 알려졌다. 밀폐 용기나 리빙박스가 홈쇼핑을 통해 한국 소비자들에게 시장성을 검증받은 후 중국에 진출한 것과 반대였다.

락앤락은 중국에 진출하며 물통에 신경을 썼다. 중국은 고유의 차茶 문화로 인해 보온병 수요가 높은 국가 중 하나다. 중국인들은 차를 우려 물통에 넣어 갖고 다니는 생활습관이 있다. 락앤락은 물통 안에 스테인리스 거름망을 넣어 찻잎을 바로 우려 마실 수 있게 했다. 또 용기 내에 찻잎 보관함을 둬 휴대성을 높이고, 몸체를 이중 구조로 만들어 온도 변화를 최소화했다. 세심하게 배려한 덕에 락앤락의 물통은 중국인들의 필수품이 되었다. 상하이 택시 기사 10명 중 9명은 락앤락의 물통에 차를 담아 마신다는 이야기도 있을 정도다.

락앤락의 보온병은 중국공업정보화부 산하 중국기업브랜드연구센터가 발표한 '2014년 중국브랜드파워지수(C-BPI)'에서 보온병 부문 세계 1위인 일본의 '타이거'를 제치고 2년 연속 1위를 차지했다. 밀폐 용기 부문 역시 세계 1위인 타파웨어를 제치고 3년 연속 1위에 올랐다. 락앤락 외에 C-BPI에서 1위를 차지한 한국 브랜드는 삼성전자(컬러 TV, 모니터 부문)가 유일했다.

락앤락 보온병은 동남아시아에서도 인기다. 더운 날씨와 밖에서 마시는 물에 대한 불안 때문에 동남아 사람들은 차를 끓여 식힌 후 보

온병에 담아 갖고 다닌다.

해외 소비자들의 마음을 얻기 위해 깐깐하게 만든 보온병은 국내에 등산, 캠핑 열풍이 불면서 국내 소비자들에게도 좋은 반응을 얻고 있다. 보온병은 도시락과 함께 락앤락의 대표적인 아웃도어 상품으로 팔리고 있다.

락앤락은 기존 주력 제품이었던 밀폐 용기를 넘어 생활·주방·아웃도어 용품 등으로 사업 영역을 넓히면서 계절별, 국가별로 빈틈없는 마케팅이 가능해졌다. 2013년 락앤락의 매출 구조를 보면 한국에서는 밀폐 용기(48퍼센트), 음료 용기(23퍼센트), 주방·욕실 용품 등 기타(20퍼센트), 수납 용품(9퍼센트)의 순으로 많이 팔린 반면, 중국에서는 밀폐 용기(43퍼센트), 음료 용기(32퍼센트), 주방·욕실 용품 등 기타(13퍼센트), 수납 용품(12퍼센트)의 순으로 인기 제품이 나뉘었다. 특정 상품, 특정 국가에 대한 의존도가 낮은 안정적 매출 구조인 셈이다.

락앤락이 화장품 사업에 뛰어든 까닭은?

락앤락은 2014년 3월에 열린 정기 주주총회에서 사업 다각화를 이유로 '식품·화장품 제조 판매업'을 사업 목적에 추가했다. 락앤락 식품, 락앤락 화장품이 어색하게 들리지만 현재 락앤락의 사업 구조를 가만히 들여다보면 충분히 가능한 일이다.

락앤락은 중국에서 쌓은 높은 인지도와 유통망을 활용해, 국내 브랜드를 중국에 소개하는 판매 창구 역할을 해 왔다. 국내 홈쇼핑에서 큰 인기를 끌었던 동성제약의 셀프 염색약 '버블비'도 락앤락을 통해 중국 홈쇼핑 채널에 판매를 시작했다. 락앤락은 중국 내 21개 홈쇼핑 채널과 거래 중인데, 홈쇼핑을 통해 버블비를 이슈화시킨 후, 락앤락의 6,600여 할인점과 300여 백화점 네트워크를 통해 중국에서 버블비 돌풍을 일으킨다는 계획이다.

락앤락은 중국 시장의 특성을 잘 아는 만큼, 셀프 염색제처럼 중국 시장에서 성공할 것 같은 브랜드를 발굴하는 데 적극적이다. 그 중 락앤락이 특히 관심을 보이는 분야는 유아 용품이다. 중국 사람들의 자녀 사랑이 유별난데다, 중국이 '한 자녀 정책'을 사실상 폐기하면서 출산·유아 관련 상품에서 성장성을 본 것이다. 락앤락은 자체적으로 '헬로 베베'라는 영·유아 식기 브랜드를 만들어 중국 시장에 선보였으며, 유아 관련 브랜드와 지속적으로 제휴를 맺어 중국 시장에 유통하고 있다.

화장품 회사 '네오팜'과는 5년간 네오팜 제품 1,400만 달러어치를 락앤락의 중국 유통망을 통해 독점 판매하는 계약을 맺었다. 네오팜은 애경그룹 계열사로 아토피 보습제를 전문적으로 취급해 유아 화장품 분야에서 높은 인지도를 쌓았다. '깨끗한나라'와는 아기 기저귀 '보솜이'를 중국 시장에 유통하기로 했다. 2012년 11월에 발표한 코트라 보고서에 따르면 중국의 종이 기저귀 사용률은 30퍼센트 수준에 불과해 성장 가능성이 매우 높다. 게다가 중국산 기저귀가 흡수력이 떨어지고 발진이 잦아 수입 브랜드에 대한 선호도가 높다. 안전하고 위생적인 주방 생활용품을 통해 중국 내에서 신뢰를 쌓아 온 락앤락이 한국산 기저귀를 판매한다면 충분히 승산이 있는 게임이다.

락앤락은 분유 회사와의 제휴도 추진 중이며 산부인과를 대상으로 한 마케팅도 진행 중이다. 헬로 베베의 젖병은 안전한 내열유리, 가벼운 용량, 두뇌 발달을 도와주는 엠보싱 실리콘 덮개 등 세세한 부분까지 신경을 쓴 덕분에 중국의 대형 유아 용품 체인 '아잉스'에서 일본의 '피죤' 다음으로 많은 매출을 기록했다.

락앤락이 유아 용품과 같은 신사업에 집중하는 이유는 중국 시장에서 기존의 주방용품 사업에 한계를 느꼈기 때문이다. 락앤락은 소비자를 대상으로 파는 제품도 많지만, 사은품이나 명절 선물과 같은 기업체 단체 선물 매출이 상당하다. 그런데 최근 중국 정부가 부패 척결에 강력히 나서면서 이러한 특판 매출이 뚝 떨어졌다.

한국에서 사업이 포화 상태에 이르자 중국으로 건너갔던 것처럼,

락앤락의 다음번 공략지는 베트남이다. 베트남은 락앤락이 대규모 공장을 건설하는 등 일찌감치 중국에 이어 공을 들여온 시장이다.

4면 결착식 밀폐 용기를 개발하기 전, 락앤락의 김준일 회장은 원래 600여 개의 자잘한 주방용품을 생산해 판매하고 있었다. 그러다 한 가지에 집중하기로 결정하고 선택한 것이 밀폐 용기였다. 이유는 간단했다. 1995년 당시 국내에 보급된 냉장고가 2,000만 대였고, 각 냉장고의 평균 용량을 200리터 정도만 잡아도 무려 40억 리터에 달한다. 이를 20퍼센트만 차지해도 8억 리터의 시장을 갖게 되는 것이고, 1리터짜리 밀폐 용기의 출고가를 1,000원만 잡아도 8,000억 원이라는 계산이었다. 이런 논리라면 2020년 인구가 1억 명을 돌파할 것으로 예상되고, 경제가 성장하면서 빠르게 냉장고 보급 대수가 늘어가는 베트남이야말로 락앤락의 새로운 도전지로 최적이다.

락앤락은 성공 경험을 제대로 복습할 줄 아는 회사이다. 미국 QVC 방송을 통해 배운 홈쇼핑 판매의 기술을 한국에 들여와 성공했다. 한국에서의 성공 방정식을 들고 중국에 가 또 다른 성공 신화를 이뤘고, 이번에는 베트남에 그 성공 DNA를 이식하려 한다. 베트남, 중국에서의 성공 경험은 다시 락앤락의 자산이 되어 해외 진출을 꿈꾸는 한국의 다른 기업들에게 판매되고 있다. 이 순환 고리의 중심에는 히트 상품이라는 강력한 무기가 있었고, 계속해서 히트 상품이 나오지 않으면 순환에 문제가 생길 수 있음은 물론이다.

PART 04
승부!

당신 상품의 주인공은 누구입니까?

ver.
22
chosungah

루나 없는
조성아는
여전히 건재하다

2006년 애경산업이 메이크업아티스트 조성아 씨와 홈쇼핑에 출시한 '조성아 루나'는 가장 성공한 홈쇼핑 화장품이었다. 한동안 화장품 업계에서 잊혔던 애경은 다시 일어섰고, 조성아 씨는 대한민국을 대표하는 메이크업아티스트로 우뚝 섰다.

조성아 루나는 홈쇼핑 역사에 수많은 기록을 남겼다. 홈쇼핑에 메이크업아티스트 화장품 열풍을 일으켰으며, 단일 브랜드 최초로 500회 방송을 돌파했다. 루나가 5년 동안 판매한 금액만 2,000억 원에 달한다. 새로운 제품을 낼 때마다 히트 상품이 되는 '조성아 루나'를 보며 사람들은 궁금했다. 조성아 덕일까? 애경 덕일까?

애경과 조성아 씨는 재계약을 하지 않았고, 2012년 3월 조성아 씨는 직접 '초초스팩토리Chochosfactory'라는 회사를 차려 '조성아22(조성아 투웬티투)'라는 브랜드를 출시했다. '루나'라는 브랜드를 가져간 애경은 새로운 메이크업아티스트를 영입하는 대신, 패션모델을 앞세워 '런웨이 모델의 노하우를 담은 스타일리시하고 전문적인 메이크업 화장품 브랜드'로 콘셉트를 바꾸었다.

홈쇼핑만을 놓고 본다면 현재까지의 스코어는 조성아 씨의 압승이다. 조성아22는 첫 방송에서 7,500세트가 완판되며 조성아 파워를 입증했다. 론칭 17개월 만에 누적매출 1,000억 원을 달성하더니, 2013년에는 GS샵 이미용 브랜드 1위를 차지했다. 애경은 2013년 10월 루나를 들고 홈쇼핑을 재개했지만, 방송 편성표에서 자취를 감춘 지 오래다.

유명인의 파워가 그렇게 컸을까? 그렇다면 메이크업아티스트 이름을 건 브랜드가 모두 성공했어야 하는데 조성아 씨만큼 성공한 이름을 찾기가 쉽지 않다. 조성아 씨는 이름만 빌려 주거나, 제품 개발에 참여만 하거나, 홈쇼핑 방송에 출연만 하지 않았다. 제품을 개발할 때는 패키지 디자인까지 일일이 신경을 썼고, 제품을 홍보할 때는 고객들이 쉽게 기억할 수 있도록 제품마다 별명을 지었다. 홈쇼핑 MD와의 사전 미팅에 직접 참석해 본인의 의견을 어필하고, 방송 전 무대 디자인까지 해 올 정도로 집요했다. 조성아22의 성공은 사업가와 마케터와 아티스트를 넘나드는 크리에이티브 디렉터의 역할이 얼마나 중요한지 보여 준다.

원장님? 대표님? CD님!

메이크업아티스트를 부를 때는 흔히 '원장님'이라는 단어를 쓴다. 메이크업아티스트들이 미용실의 대표를 겸하는 경우가 많다 보니 자연스럽게 원장님이라는 표현을 쓰는 것이다. 미용실의 대표가 아닌 프리랜서 메이크업아티스트를 부를 때는 '실장님'이라 부르는 것이 업계의 불문율이다.

조성아22의 홈쇼핑 방송 중 쇼호스트들은 "조성아 원장님이 개발하셨어요", "조성아 원장님은 이런 스타일을 좋아하시잖아요" 등 조성아 씨에 대해 '원장님'이라는 호칭을 쓴다. 그런데 홈쇼핑 밖에서 더 이상 그녀를 '원장님'이라 부르는 사람은 없다. 론칭 첫해 1년 매출(판매액 기준)이 630억 원인 회사의 대표를 원장님이라 부르는 것은 그녀의 사업 수완을 무시하는 일이다.

그럼 조성아 씨는 본인을 어떻게 불러 주길 바랄까? 그녀는 '크리에이티브 디렉터 creative director '라 불리는 것을 가장 좋아한다고 한다. 크리에이티브 디렉터라는 말이 너무 길기도 하고, 이 말을 줄여 CD님이라 부른다 한들 알아들을 사람이 별로 없어 대표라 쓰기는 하지만, 그녀는 '크리에이티브 디렉터 조성아 대표'처럼 수식어라도 붙여 주기를 원한다.

크리에이티브 디렉터는 광고나 패션 쪽에서 흔히 볼 수 있는 직책이다. 광고 쪽을 예로 들면 크리에이티브 디렉터는 광고 제작에 관한 총책임자로, 제작팀을 지휘해 광고를 만들고 광고주를 설득해 컨펌받는 역할을 한다. 패션 쪽에서는 루이비통의 디자인을 16년 동안 이끌었던 마크 제이콥스나 샤넬의 칼 라거펠트처럼 디자인뿐 아니라 광고와 브랜드 전략까지 책임지는 사람을 말한다. 흔히 오케스트라의 지휘자에 비유가 되지만, 가장 큰 차이는 판매를 책임진다는 점이다. 광고 회사의 크리에이티브 디렉터는 광고주에게 자신의 광고팀이 만든 광고를 판매해야 하고, 패션 회사의 크리에이티브 디렉터는 자신의 디자인팀이 만든 옷을 잘 팔아야 한다.

홈쇼핑 업계에서는 조성아 대표를 크리에이티브 디렉터라 부르는데 이견이 없다. 그녀가 2006년부터 5년을 이끌었던 '루나'에서 조 대표는 단순히 제품 개발에 참여하고 방송에 출연해 물건을 파는 데 그치지 않았다. 루나의 성공에는 크리에이티브 디렉터의 역할을 정확히 이해하고 실행한 조성아 대표가 있었다.

고현정을 일약 CF 스타로 만들어 준 "화장은 하는 것보다 지우는 것이 중요합니다"라는 광고를 기억하는가. 20년이 지난 지금도 이 카피는 클렌징의 중요성을 이야기하는 데 인용이 되지만, 이 광고가 어떤 제품을 알리기 위한 광고인지는 기억이 가물가물하다. 이 광고의 주인공은 1990년대 화장품 업계에서 신흥 강자로 떠오르던 애경산업의 '포인트'였다.

화장품 전문점을 유통 채널로 하는 시장에서 나름 주목을 받던 애경 화장품은 2000년대 들어 급격한 쇠락의 길을 걸었다. 미샤, 더페이스샵 같은 '원브랜드샵'이 뜨면서 화장품 전문점을 찾는 사람이 줄었고, 기존의 화장품 전문점들도 대기업 화장품만 취급하거나 원브랜드샵으로 간판을 바꿔 달았다. 애경 화장품은 생활용품 덕에 마트에 입점해 근근이 명맥을 유지했다.

애경은 화장품 사업을 살리기 위한 다양한 방법을 고민하던 중 홈쇼핑에 진출하기로 결정했다. 당시는 주로 중소 화장품 회사들이 홈쇼핑에서 유명인의 이름을 딴 기초 화장품을 판매하고 있었다. 차앤박, 리더스 등 피부과의 이름을 딴 화장품이나 김영애 황토팩과 같은 연예인 화장품이 대표적이다. 아모레퍼시픽이나 LG생활건강은 오프라인 유통 채널과의 마찰을 피해 재고 처리 정도만 홈쇼핑을 통해 진행하고 있었다.

이미 화장품 사업에서 바닥을 친 애경은 오프라인의 눈치를 볼 필요가 없었다. 제품 개발 노하우도 있었고, 제조 시설도 있었다. 콘셉트만 잡으면 되는 상황이었다. 애경은 홈쇼핑 화장품 부분에서 비어 있던 '색조 화장품'을 주목했다. 메이크업아티스트와 손잡고 전문 색조 화장품을 만들어 홈쇼핑에 출시하자는 전략이었다. 메이크업아티스트는 과거 '포인트' 광고에도 직접 출연해 애경과 인연이 있었던 조성아 대표로 낙점했다.

애경은 브랜드의 정식 명칭을 '조성아 루나'로 정하고 모든 화장품 용기에 'CHOSUNGAH LUNA'를 넣었다. 조 대표에게는 '크리에이티브 디렉터'라는 직책과 함께 강력한 파워를 주었다. 조성아 대표가 낸 아이디어는 대부분 기존에 없던 질감이나 사용 방식이어서 애경 담당자들을 난처하게 만들었다. 네 가지 컬러를 한 번에 찍어 바를 수 있는 아이섀도나 브러시가 달린 파운데이션 등 조 대표의 아이디어는 신선했지만, 공장에서는 기존에 없던 형태여서 난색을 표하는 제품들이었다.

게다가 봄·여름·가을·겨울 매번 다른 콘셉트와 디자인으로 제품을 만들어야 했다. 재고에 대한 부담은 또 다른 위험 요소였다. 한양대 미대 출신인 조 대표는 디자인에 민감했다. 루나의 용기와 박스 디자인은 물론 홈쇼핑 방송 영상, 무대 디자인에까지 본인의 취향을 강력히 드러냈다. 한동안 사람들이 애경과 루나를 매치시키지 못한 데는 루나의 단순하면서도 세련된 디자인이 중요한 역할을 했고, 그것은 루나의 성공 비결이기도 했다. 그렇게 애경과 조성아 대표는 21번의 계절을 보내며 21가지 컬렉션을 선보였다.

2006년 9월 조 대표와 1년 계약을 했던 애경은 네 개의 시즌 동안 선보인 네 개의 컬렉션이 모두 성공을 하며 2007년 계약을 1년 연장했다. 2008년 재계약 시점에서 조 대표의 파워는 막강했다. 이제 아무도 조 대표가 제안하는 상품에 대해 이의를 제기하지 못했다. 애경은 조 대표와 3년 계약을 맺었다. 비록 2011년 애경과 조성아 대표의 재계약은 불발됐지만, 그녀는 지금도 "그때 애경에서 전폭적으로 지원해 주지 않았으면 루나가 이렇게 오래도록 사랑받지 못했을 것"이라고 이야기한다.

실제 많은 메이크업아티스트들이 대기업과 손을 잡지만, 자신의 아이디어를 제대로 펼쳐 보지 못하고 흐지부지 끝나는 경우가 수두룩하다. 기존에 이미 연구원, 디자이너, 마케터, 광고 담당, 영업 담당 등이 굳건히 자리를 잡고 있는 기업에서 '굴러온 돌'인 외부 크리에이티브 디렉터의 의견을 적극적으로 따르기가 쉽지 않기 때문이다.

청담동의 판타지를 자극하다

요즘은 홈쇼핑의 심의가 강화되어 방송 중 "연예인 아무개가 이 제품을 쓴다"는 내용이나 이미지를 함부로 사용할 수가 없다. 특히 연예인의 이미지를 사용하려면 동의서를 받아 홈쇼핑 사에 제출해야 한다.

조성아 대표가 루나를 처음 시작했던 2006년만 해도 메이크업아티스트의 이름을 딴 브랜드가 처음이어서 루나의 방송 중에는 "최진실, 엄정화, 송윤아 등 여배우들의 메이크업을 담당했다"는 내용과 이미지가 자주 등장했다.

TV를 보는 여성들은 조성아 대표가 알려 주는 여배우들의 메이크업 방법을 배웠고, 나 또한 저 제품을 쓰면 여배우처럼 예뻐질 수 있다는 환상에 빠졌다. 케이블TV 화장품 정보 프로그램 붐을 일으킨 '겟잇뷰티Get it beauty'가 2006년 10월에 첫 방송을 시작했으니, 홈쇼핑이 화장품 시연 방송의 원조라 할 수 있다.

만약 조성아 대표 없이 애경 단독으로 방송을 진행했다면 이렇게 많은 여배우들의 이름을 거론할 수 없었을 것이고 일반적인 화장품 회사가 그렇듯, 광고 모델을 내세워 '연예인 아무개의 미용법'이라고만 주구장창 이야기했을 것이다. 소비자들은 20년 가까이 연예인들의 메이크업을 담당하며, "영화배우 A씨는 눈이 이런 모양인데, 이럴 때는 이렇게 화장을 했어요", "가수 B씨는 얼굴에 각이 져서 이렇게 메이크업으로 커버를 했죠"와 같은 조성아 대표의 말에서 진정성을 느꼈다.

연예인 이름을 쓰기 힘들어진 요즘엔 '청담동 사모님'들이 그 자리를 대신하고 있다. 청담동은 대한민국의 부와 트렌드를 집결시켜 놓은 곳이다. 조성아 대표도 1991년부터 청담동에서 미용실을 운영했다. 청담동은 예뻐지고 세련되고 싶은 여성들의 욕망을 상징한다.

조성아 대표는 '청담동 미용실'에서 아이디어를 발견했다. '청담동에서 사용한다'는 말에는 '유명 연예인들이 사용한다', '부잣집 사모님들이 쓴다'는 의미가 내포되어 있기 때문이다.

"요즘 VVIP들 사이에서는 피부가 매끈하고 빵빵해 보이는 탄력이 중요하죠. 그래서 실세안이다, 레몬세안이다 하는 게 메이크업 전에 필수 코스가 되었어요. 이게 바로 청담 시크릿입니다." (조성아22 '레몬 에너지 클렌징 세럼' 홍보 영상 중)

제품마다 별명을 붙이기로 유명한 조성아 대표는 '청담 세안의 완

결판', '청담동며느리 붓 세안', '청담동 SOS 크림', '청담 뷰티의 전설' 등의 용어를 써 가며, TV 앞에 앉은 시청자들에게 청담동이라는 미지의 세계에 대한 환상을 불어넣었다. SNS가 등장하면서 연예인들은 이제 일반인들과 매우 가까워졌다. 똑똑해진 소비자들은 연예인이 쓴다는 제품을 보며, 협찬이라는 사실을 눈치 챈다. 하지만 청담동은 너무 은밀하다. 들어갈 수 없어 더욱 궁금한 곳, 조성아 대표와 같은 사람들이 전해 주는 단편적 정보에 사람들은 귀를 쫑긋한다.

아이비리그 대학생들이 입는 옷, 월스트리트의 뱅커들이 차는 시계처럼 청담동 여인들이 사용하는 화장품은 상류층에 대한 판타지를 자극하는 마케팅 수단으로 적중했다.

여자들의 장난감을 만들다

조성아 대표는 '여자에게 화장품은 장난감'이라는 생각을 갖고 있다. 여자들이 화장품을 만지작거리면서, 그리고 화장을 하면서 즐거움을 느껴야 한다는 생각이었다. 그렇다면 여자들의 장난감은 어떤 느낌일까? 어린아이들이 노는 모습만 봐도 남자아이들과 여자아이들이 좋아하는 장난감은 다르다. 남자아이들은 프라모델이나 레고처럼 무언가 부수고 조립하고 복잡한 장난감을 좋아한다. 반면 여자아이들은 바비인형이나 소꿉장난처럼 아기자기하고 컬러풀한 장난감을 좋아한다. 그리고 장난감으로 스토리를 만들고 싶어 한다. 여자아이들은 크면서 알록달록한 팬시용품에 빠져들고, 어른이 되면 화장품으로 관심이 옮겨 간다.

조성아 대표가 루나 시절부터 만들었던 화장품은 늘 주제가 있고, 만지작거리는 재미가 있었으며, 보기만 해도 예뻤다. 2006년 가을, 처음으로 나온 루나의 컬렉션 주제는 '베이비 페이스 메이크업'이었다. 조성아 대표는 마치 주사기처럼 뒷부분을 누르면 앞부분에 붙어 있는 브러시 사이로 파운데이션이 나오는 화장품을 선보였다. 여성들은 어린 시절 병원놀이를 하는 기분으로 주사를 놓고(파운데이션을 바르고), 빨간약을 바르며(입술에 립글로스를 바르며) 화장 놀이를 즐겼다.

화장을 하기 전 피부톤을 균일하게 만들기 위해 바르는 '메이크업 베이스'도 조 대표가 만들면 달랐다. 요거트 병처럼 생긴 케이스에 연보라빛 묽은 메이크업 베이스를 넣어 스푼으로 떠서 바르게 했다. 문방구에서 파는 디즈니 스티커처럼 여성들이 자주 쓰는 립스틱 컬러를 콩알만 한 크기로 만들어 하나씩 뜯어 쓰게 만드는 아이디어도 있었다. 도장 찍기 놀이 하듯 뚜껑 안쪽에 붙어 있는 인주를 찍어 볼에 바르면 핑크빛으로 물드는 화장품도 있었다.

TV 속에서 여자들은 화장품으로 소꿉놀이를 했고, TV 밖에서 이를 구경하던 여자들은 전화기를 들어 놀이에 동참했다.

조성아 식 직설적 작명, 직설적 화법

화장품 용어는 직접 화장을 하는 사람이 아니면 기억하기 어려울 정도로 복잡하다. 앞에 붙는 수식어는 신비롭고 고급스러운 느낌을 더한다는 이유로 이해하기가 더욱 어렵다. 예를 들어 조성아 루나의 2011년 봄 메이크업의 주제는 '로얄 마린 메이크업Royal Marine Makeup'이었다. 이 세트 안에 들어 있는 각각의 제품명은 '아이 웨이브Eye wave', '쉘 치크Shell cheek', '프라임 베이스Prime base' 등이다.

어렵다. 영어를 좀 한다는 사람도, 화장을 좀 한다는 사람도 대충은 어떤 느낌인지 감은 오지만, 정확히 이름을 외워서 "로얄 마린 쉘 치크 주세요!"라고 하지는 않을 듯하다. 홈쇼핑 화장품이라 세트로 사니 제품명은 외울 필요가 없다고? 그래도 물건을 팔아야 하는 쇼 호스트가 외우기엔 너무 벅차다. 하지만 걱정 없다. 홈쇼핑에서는 '물 빛 광채'라는 말로 '올킬'이니까. ('조성아22'의 파운데이션 '씨앤티블렌더C&T Blender'는 본명보다 '올킬 파운데이션'이라는 별명으로 유명하다.)

조성아 대표의 애칭 짓기는 '펫네임pet name 마케팅'이라는 용어로 업계의 화제가 되었다. 과거에는 수입 화장품 브랜드들이 본사에서 지은 복잡한 이름을 소비자들에게 쉽게 알리기 위해 '갈색병', '레드 에센스' 같은 별명을 지었다면, 루나 이후에는 제품의 속성에 충실한 별명 붙이기가 하나의 트렌드로 자리 잡았다.

조성아 대표는 애경과 만든 루나에서 '꿀광 파운데이션', '딸기우유 립스틱' 등의 애칭으로 재미를 보더니, 국제약품과 만든 기초 화장품 '조성아 로우'에서는 더 노골적인 별명을 사용했다. '안색크림', '물벽크림', '청담동 며느리붓' 등 귀를 쫑긋하게 만드는 펫네임이 등장했다.

별명이 구체적일수록 본명은 수입 브랜드를 연상시키는 어려운 이름을 사용했다. 안색크림의 본명은 '데이슈 리얼 스킨 픽서', 물벽크림의 본명은 '블랙잼워터 블록 크림'이었다. 판매 무대에서는 온갖 종류의 개인기를 보여 줬지만, 고객의 화장대 위에서는 도도하게 위엄을 지키라는 의미였다.

조성아 대표가 애경과도, 국제약품과도 결별하고 단독으로 만든 '조성아22'는 펫네임 마케팅의 결정판이다. '올킬 파운데이션', '꿀필러 파운데이션', '신생아 클렌저', '동면크림' 등 모든 신제품은 애칭과 함께 출시된다. 이러한 조성아 대표의 생활 밀착형 화법은 생방송 중에 더욱 빛을 발했다.

"얼굴에 광 내자고 참 많은 단계를 거치더군요. 스트레스 많이 받으시죠? 원샷으로 올킬시킬 수 있는, 리얼 슈퍼 광을 내 주는 파운데이션입니다."

"송글송글 맺힌 거 보이시죠? 이게 톡톡 터지며 피부를 탱글탱글하게 만들어 줘요."

"오후 되면 얼굴에 개기름 좌르륵 흐르는 거 어떡하실래요?"

조 대표는 동시를 읽는 듯 다양한 의성어, 의태어를 사용하고, '올킬', '개기름'과 같은 생활 속에 많이 쓰는 단어를 적절히 섞어 가며 친근함을 표현한다. 조성아 대표가 루나를 가지고 홈쇼핑에 처음 진출했을 때만 해도, 업계에서는 청담동 원장님의 격을 떨어뜨린다는 비판도 있었다. 하지만 조 대표는 "연예인과 유명인사 등 상위 1퍼센트만을 위한 메이크업을 하다 보니 어느 순간 한계가 왔다"며 "99퍼센트를 위한 메이크업 제품을 개발하고 그들로부터 영감을 얻기 위해 홈쇼핑에 진출했다"고 밝혔다. 99퍼센트의 사람들에게 다가가기 위해 개발한 친근한 화법은 조성아 대표를 '1천억 원의 여인'으로 만들었다.

루나로 홈쇼핑을 휘어잡던 조성아 대표는 2010년 국제약품과 '조성아 로우chosungah raw'라는 기초 화장품을 만들었다. 애경이 아닌 국제약품과 손을 잡은 것에 대해 업계에서는 여러 뒷말이 오갔다.

그리고 사람들은 메이크업아티스트가 색조가 아닌 기초 화장품을 내는 데 소비자들이 공감할 수 있을까 우려했다. 기초 화장품은 과학 기술이고, 색조 화장품은 예술이라는 이분법적 사고였다. 과학자가 특별한 성분이 피부에 침투하는 기술을 다루어야 할 기초 화장품 분야에 메이크업아티스트가 어떤 역할을 할지도 의문이었다. '메이크업 쇼'에 가까운 시연 방송으로 인기를 끌었던 조 대표가 시연 효과가 크지 않은 기초 화장품에서는 어떤 역할을 할지도 초미의 관심사였다.

조성아 로우는 제품부터 충격적이었다. 조성아 대표는 바르면 까매질 것 같은 검은색 크림을 들고 나와, 화장품은 흰색이나 무색이라는 기존의 통념을 깨뜨렸다. 크림과 함께 선보인 클렌저 역시 검정색이었다. 검정색 젤을 브러시에 묻혀 얼굴에 바르면 거품이 생기며 노폐물을 닦아 내는 방식이었다.

조성아 대표는 검정색 텍스처로 소비자들의 눈을 사로잡은 후, '청담동 세안법'이라는 단어로 소비자들의 귀를 붙잡았다. 루나가 '여배우 메이크업'이라는 키워드로 성공했다면, 로우는 '청담동 피부 관리법'이라는 카드를 꺼내든 것이다.

방송 첫날 2,000세트가 매진되더니, 이후 1시간에 5억 원, 10억 원, 20억 원 식으로 매출액을 올려 갔다. 국제약품과 1년 계약이 끝난 2011년 말, 조성아 대표는 애경과도, 국제약품과도 재계약을 맺지 않았다.

조성아 대표는 2012년 3월 초초스팩토리라는 회사를 만들어 '조성아22'라는 브랜드를 들고 다시 나왔다. 숫자 22는 1991년부터 시작된 조성아 대표의 22년 메이크업아티스트 경력을 표현한 것이자, 22살 여성의 피부로 만들어 주겠다는 약속이었다. 조성아 대표가 직접 초초스팩토리의 대표이사를 맡은, 오롯이 본인의 회사이자 브랜드였다.

조성아22는 그동안 '루나'와 '로우'를 통해 체득한 성공 요소들을 모두 집어넣었다. 세련된 용기, 독특한 사용법, 재미있는 닉네임, 연예인 메이크업, 청담동 피부 관리법이 모두 들어갔다. 한 가지 빠진 게 있다면 조성아 대표 본인이었다. 조 대표는 더이상 홈쇼핑에 출연하지 않았다. 미리 찍어 둔 영상을 통해 "안녕하세요? 조성아입니다"와 같은 인사말만 전할 뿐이었다.

조성아22는 방송 첫날 7,500세트를 완판하더니, 두 번째 방송에서도 정해진 방송 시간을 채우지 못하고 매진을 했다. 브랜드 론칭 17개월만에 매출 1,000억 원을 돌파했다. 루나와 로우가 조성아 대표의 화려한 시연과 말발 덕에 홈쇼핑에서 성공했다고 말하는 사람들은 당황했다.

'루나'라는 이름을 가져간 애경과 '로우'라는 이름을 가져간 국제약품은 조성아 대표가 빠진 대신, 연예인을 그 자리에 채웠다. 루나는 톱 패션모델인 한혜진, 아이린, 한리 등 세 명을 모델로 발탁했고, 로우는 영화배우 엄지원을 광고 모델에 채용했다. 하지만 아직까지 인터넷에서 '루나', '로우'를 검색하면 이들 연예인보다는 조성아라는 이름이 더 자주 연관해서 뜨고 있다.

조성아22, 홈쇼핑을 떠나서도 능력을 보여줄 수 있을까?

해외에는 메이크업아티스트의 이름을 딴 브랜드가 여럿 있다. 우리나라 백화점에서도 흔히 볼 수 있는 슈에무라, 바비 브라운, 로라 메르시에 등이 모두 유명 메이크업아티스트의 이름이다.

이들이 전 세계에 진출하고 백화점에 매장을 낼 수 있는 것은 모기업이 든든히 버티고 있기 때문이다. 일본의 메이크업아티스트였던 슈에무라는 세계 최대 화장품 기업인 로레알에 자신의 브랜드를 팔았고, 미국의 메이크업아티스트 바비 브라운은 에스티로더 그룹에 브랜드를 넘겼다.

국내에는 조성아 대표보다 1년 앞서 본인의 이름을 딴 브랜드를 만들었던 이경민 원장이 '비디비치'를 신세계인터내셔날에 팔았다. 이경민 원장이 만든 비디비치는 백화점 위주로 판매가 되고 있지만, 적자가 쌓이며 신세계인터내셔날의 화장품 사업 철수설이 끊이지 않고 있다. 신세계인터내셔날도 결국 '터치 바이 이경민'이라는 홈쇼핑 전용 브랜드를 만들어 홈쇼핑에 진출했다. 2013년 4월 첫 방송을 시작했는데, 2013년 '비디비치코스메틱' 전체 매출의 67퍼센트를 홈쇼핑이 차지할 만큼 홈쇼핑의 파워는 막강했다.

메이크업아티스트의 능력이 홈쇼핑에서만 발휘되는 국내 화장품 업계의 독특한 상황에서 조성아 대표가 슈에무라나 바비 브라운의 길을 걷기는 어려워 보인다. 국내 화장품 회사들은 메이크업아티스트 브랜드를 영속적으로 키우는 것보다 그들의 이름을 빌려 홈쇼핑에서 짧은 기간 동안 많은 돈을 버는 데 관심이 많기 때문이다.

홀로서기에 성공한 조성아 대표는 요즘 홈쇼핑 이외의 채널에서도 홀로서는 법을 배우고 있다. 지난 한 해 30퍼센트나 급성장한 롯데 인터넷면세점에도 입점하며 유통 채널을 넓히고 있다. 최근에는 세계적 화장품 편집매장인 '세포라'와 입점을 논의하느라 해외에 머무는 시간이 많다. 프랑스 LVMH그룹이 소유하고 있는 세포라는 전 세계 27개국에 1,300여 매장을 갖고 있으며, 화장품 마니아들 사이에서는 '놀이터'로 통한다. 세포라에 입점하게 되면 국내 메이크업아티스트로서는 또 한 번 '최초'의 역사를 쓰게 된다.

조성아 대표는 영원한 크리에이티브 디렉터로 남고 싶지만, 세상은 그녀에게 경영자로서의 역할을 요구하고 있다. 아직 우리나라에서 크리에이티브 디렉터의 역할을 제대로 인정해 주는 회사가 많지 않기 때문이다. 조 대표는 훌륭한 크리에이티브 디렉터는 예술가가 아니라, 마케터라고 강조한다. 홈쇼핑이 아니었다면 조성아라는 뛰어난 크리에이티브 디렉터가 능력을 발휘할 방법은 많지 않았을 것이다.

조 대표는 홈쇼핑을 '종합예술'이라고 부른다. 조성아 대표의 화장품이 브랜드를 바꿔 가면서도 계속 성공할 수 있었던 것은 홈쇼핑을 한 편의 정극으로 보고, 대본부터 무대까지 꼼꼼히 챙긴 조 대표의 연출이 있었기 때문에 가능했다.

CEL-DERMA
하유미 없는
하유미팩의
홀로서기

CEL-DERMA
Multi Perfection 100 Hydrogel Mask
-All in One Total Care Solution
-Wrinkle Care & Whitening Care
-Hydrating/Firming/Nourishing

Transdermal Cosmetic Delivery by Genic

2007년 9월 출시된 제닉의 '셀더마 하이드로겔 마스크'는 국내 홈쇼핑 역사상 단일품목으로 가장 많이 판매된 제품이다. 그런데 브랜드가 낯설다. 그동안 이 제품이 '셀더마'라는 본명 대신 '하유미팩'으로 불렸기 때문이다. 이 제품을 소개하는 기사에 늘 따라다니는 표현도 "일명 하유미팩으로 불리는"이다.

하유미팩은 홈쇼핑에서 수년간 판매 1위를 차지하며 전 국민적인 마스크팩 열풍을 몰고 왔다. 제품을 만든 제닉은 코스닥 시장에 등록해 가치를 인정받았으며, 만년 조연이었던 탤런트 하유미 씨는 홈쇼핑에서만큼은 당찬 주연이었다.

2013년 12월, 제닉은 모델 계약이 종료된 하유미 씨를 뺀 '셀더마 멀티퍼펙션 100 하이드로겔 마스크'를 출시했다. 탤런트 하유미 씨가 앉았던 자리에는 방송인 유서진 씨가 앉았지만, 아무도 '유서진팩'이라고 부르지는 않았다. 그냥 쇼호스트를 도와 피부가 좋은 방송인이 셀더마 하이드로겔 마스크를 칭찬하는 정도였다.

제닉은 지금 '하유미 없는 하유미팩'을 알리기 위해 고군분투 중이다. 애경이 '조성아 없는 루나'를 살리기 위해 조직을 개편하고, 브랜드 콘셉트를 바꾸고, 모델을 기용했던 것처럼, 제닉도 하유미 씨를 대체할 강력한 무언가를 찾고 있다. 하유미 씨와의 결별은 OEM 회사로 커온 제닉이 누군가의 뒤에서 나와 본인의 이름을 당당히 걸고 나서는 계기가 될 것이다.

제닉의 도전에 홈쇼핑 사업을 하는 수많은 회사들의 관심이 집중돼 있다. 스타의 힘이 없어도, 벤더의 힘이 없어도 성공할 수 있을지 모두가 궁금해하는 문제를 제닉이 앞장서 실험하고 있기 때문이다.

그 마스크팩 맞습니다

2014년 4월 2일 오후 12시 40분, NS홈쇼핑의 '셀더마 하이드로겔 마스크 시즌 7' 방송이 시작되었다. 카메라가 무대를 비추기 전 비장한 목소리의 남자 성우의 안내 멘트가 나왔다.

"마스크팩의 전설, 바로 그 마스크팩 맞습니다."

방송이 시작되고 쇼호스트의 첫인사 또한 의미심장했다.

"중년 여배우 하면 떠오르는 마스크팩 있죠? 그 마스크팩 맞습니다."

하유미 씨와 계약이 끝난 이상, 방송에서 하유미 씨의 이름을 언급할 수는 없다. 하지만 하유미 씨를 연상시키는 모든 단어는 다 튀어나왔다.

"유서진 씨가 하 모 배우의 뒤를 이어 마스크팩의 새 신화를 잇고 있습니다." (쇼호스트)

"하유미 선생님의 뒤를 이어 더욱 피부 관리 열심히 하겠습니다." (게스트 유서진 씨)

고객들은 그제서야 '아, 하유미팩이구나!' 하며 전화기를 든다. 그만큼 아직은 하유미 씨의 그늘이 크다.

'셀더마 하이드로겔 마스크'는 2007년 9월 제닉이 '하유미의 백금 하이드로겔 마스크'라는 이름으로 출시한 제품이다. 제품 패키지에 하유미 씨의 이름이 써 있지는 않았지만, 사람들은 '플래티늄 하이드로겔 마스크'라는 복잡한 이름 대신 '하유미 백금 마스크'라는 이름으로 불렀다.

하유미 씨는 홈쇼핑 방송에 적극 출연하며 사업가로 변신했다고 말했고, 사람들은 얼굴에 붙이면 착 달라붙는 이 마스크팩을 '하유미팩'이라 불렀다. 낙성대가 대학교 이름인 줄 알았다는 우스갯소리처럼, 하유미라는 여배우를 잘 모르는 사람들은 하유미를 화장품 브랜드로 오해하기도 했다. 화장품 브랜드명 중에 '아름다울 미美' 자를 넣은 단어가 많다 보니 충분히 그럴 만했다.

하유미팩은 2008년 11월 제품의 기능과 디자인을 업그레이드하며 '시즌 2'라는 이름을 붙였다. 이때부터 '셀더마CEL-DERMA'라는 브랜드를 사용했다. 이후 2013년 3월에 나온 시즌 6까지 하유미팩은 6년을 하유미 씨와 함께 했다. 그 기간 동안 하유미팩 판매 금액은 3,000억 원에 달한다.

제닉은 하유미 씨와 재계약을 하지 않고, 2013년 12월 셀더마 하이드로겔 마스크 시즌 7을 출시했다. 더 이상 이 제품에는 하유미팩이라는 이름을 쓸 수 없다.

실패에서 탄생한 하이드로겔 마스크

'셀더마 마스크'는 고농축 에센스를 액체와 고체의 중간 상태인 겔gel로 압착시켜 흘러내리지 않게 만든 마스크팩이다. 겔 형태로 만든 유효 성분이 피부 온도에 반응하면서 녹아 피부에 침투하는 기술을 적용해 만들었다. 이러한 '수용성 하이드로겔 마스크팩'은 의학용 파스나 패치와 같이 영양 성분을 증발 없이 피부 속 깊숙이 전달할 수 있는 것이 장점이다.

하이드로겔 마스크보다 제조가 쉽고 저렴해 많이 사용되는 시트 마스크는 부직포(천)에 에센스를 주입한 형태로, 로션이나 크림만 바르는 것보다는 성분을 침투시키는 효과가 높지만 에센스가 흘러내리는 단점이 있다. 제닉은 '온도 감응성 상태 변화 하이드로겔 및 그 조성물 제조 방법'으로 특허를 받았으며, 장영실상 및 세계일류상품 선정 등으로 하이드로겔 연구 분야에 있어 기술력을 자랑한다.

제닉의 유현오 대표는 하이드로겔 마스크를 개발한 이유를 설명할 때면, 종종 포스트잇이나 비아그라를 예로 든다. 포스트잇은 강력 접착제를 개발하는 과정에서 등장한 실패작이고, 비아그라는 협심증 치료제를 연구하는 과정에서 생긴 부작용을 역으로 적용해 성공했다. 그리고 하이드로겔 마스크는 유 대표가 겔 타입의 상처 치료제를 만들려다 방향을 전환해 성공한 제품이다.

유 대표는 하이드로겔 분야에 있어 탄탄한 이론과 실무를 겸비한 과학자이다. 그는 대학 졸업 후 한국과학기술연구원KIST에서 3년간 겔 타입 약물 전달 기술을 연구하면서 관련 논문도 세 편이나 썼다.

겔 타입의 상처 치료제를 만들기 위해 창업했지만, 한 가지 간과한 점이 있었다. 의약외품으로 인정을 받으려면 많은 돈을 들여 까다로운 임상 실험을 거쳐야 한다는 사실이었다. 1인 기업으로 창업한 그는 자금과 시간의 여유가 없었다. 그는 '허가' 대신 '신고'만 하면 되는 화장품으로 발명품의 용도를 전환했다. 과거 배낭여행을 할 때 벌겋게 달아오른 얼굴에 찬 물수건을 덮어 진정시켰던 기억이 떠오르며 하이드로겔을 얼굴에 붙이는 마스크팩으로 만들면 괜찮겠다는 생각을 했다. 상처용 치료제가 피부 미용팩이 되는 순간이었다.

무조건 시도하는 돈키호테형 CEO

화장품 분야에 전혀 지식이나 경험이 없었지만, 유 대표는 아이디어를 현실화하는 속도가 누구보다 빨랐다. 그는 충남 당진에 있는 화장품 회사 한 곳을 섭외해 그중 기계 한 대를 제닉 이름으로 임대했다. 유 대표는 1주일에 세 번은 당진에 내려가 직접 하이드로겔 마스크를 만들고 포장하는 일을 했다. 그렇게 만든 제품을 들고 피부과와 화장품 회사를 돌아다니며 영업을 했다. 혼자 사무실 운영하고 밥 사먹을 돈은 벌었지만, 이래서는 미래가 안 보였다.

한국의 화장품 회사들은 브랜드력도 없고 인맥도 없는 그를 거들떠보지도 않았다. 그는 주머니를 탈탈 털어 2002년 미국으로 날아갔다. 외국이라면 자신이 만든 제품도 국내 유명회사 제품과 똑같이 '메이드인 코리아'일뿐이라는 생각에서였다. 그는 미국 전역을 누비며 바이어를 만났다. 국내에서 외면하던 제품에 바이어들이 관심을 보이기 시작했다. 그렇다고 쉽게 계약이 이루어지지는 않았다.

혼자서 백방으로 뛰어다니는 유 대표를 딱히 여긴 중소기업청 과장이 그에게 손을 내밀었다. 과장은 유 대표의 고등학교 선배인 벤처팀장을 소개해 줬고, 벤처팀장은 다시 그를 지원해 줄 만한 동문 사업가를 연결해 줬다.

유 대표는 선배 사업가를 만나 투자를 해 달라는 말 대신, 명절 선물로 제닉의 마스크팩을 써 달라고 부탁했다. 코스닥 등록업체의 대표였던 A씨는 유 대표의 가능성을 보고 4억 원을 투자했고, 그 대가로 제닉 지분 35퍼센트를 넘겨받았다. 중간에 유 대표가 2억 원을 갚고 여러 차례 외부 자금이 유입되면서 A씨의 지분율은 떨어졌지만, A씨는 제닉이 코스닥에 등록하면서 초기 투자금의 64배에 달하는 수익을 거둔 것으로 알려졌다.

유 대표는 선배에게 투자받은 돈으로 자체 공장을 세웠다. 많은 물량 확보가 가능해졌고, 무상 샘플 공급 등 미국 시장에서 보다 적극적으로 마케팅을 할 수 있게 됐다. 미국 시장을 공략한 지 1년 만에 성과가 나타났다. 미국 대형 소매 체인인 타깃과 에카드에 납품 계약을 체결한 것이다. 파격적인 10년 장기 계약이었다. 미국 소매시장에만 1년 동안 최소 주문량 100만 달러, 10년간 최소 1,000만 달러어치의 수출 계약이었다. 미국 시장에서의 성공으로 제닉은 유럽 등 해외 시장에서 잇따라 러브콜을 받으며 30여 개국에 진출하는 수출 기업으로 거듭나게 된다.

외국으로 출장 간 한국의 화장품 회사 담당자들이 시장조사차 매장에 들렀다가 제닉의 하이드로겔 마스크를 발견하고 주문을 하는 일도 벌어졌다. 한국의 화장품 회사에서도 주문이 들어오기 시작했다.

최은경팩은 안 되고 하유미팩은 된 이유

제닉과 하이드로겔 마스크가 국내에 알려지기 시작하자 유 대표는 기회를 놓치고 싶지 않았다. 자체 브랜드를 만들어 종합 화장품 회사로 입지를 단단히 굳히고 싶었다. 유 대표는 당시 일본에서 화장품 소재로 각광을 받던 항산화 물질 '코엔자임 Q10'을 마스크팩으로 만들어 홈쇼핑에 출시했다. 아나운서 최은경 씨와 손잡고 낸 마스크팩은 180장(얼굴 마스크 65장, 목 마스크 65장, 아이 마스크 50장)에 99,000원이라는 저렴한 가격과 높은 품질로 좋은 반응을 얻었다. 하지만 최은경 씨가 1년 계약이 끝난 후 다른 회사와 새로운 마스크팩을 내는 바람에 반짝 인기로 끝나고 말았다. 모델 관리나 홈쇼핑 영업에 대한 준비 없이 서둘러 제품을 출시한 탓이었다.

제닉은 이번에는 마스크팩이 아닌 스킨케어 분야로 손을 뻗었다. 제닉은 2007년 3월 알로에 성분을 콘셉트로 한 자연주의 브랜드 '퓨어트리'를 만들고, 여성, 남성, 헤어 제품을 출시했다. 당시 톱스타였던 축구 선수 조재진을 모델로 발탁해 TV, 옥외 등 광고비로 40억 원을 썼다.

결과는? 서울 양재동 제닉 본사의 대표이사 집무실에서 확인할 수 있다. 유 대표의 집무실 한쪽에는 '잊지 말자 2006, 2007'이라고 쓴 구호가 붙어 있다. 2006년 최은경팩에 이어 2007년 조재진 화장품에서도 쓰라린 실패를 맛본 것이다.

수십억 원의 빚만 떠안은 유 대표는 결국 제일 잘하는 것으로 승부를 걸어 보기로 했다. 제대로 된 하이드로겔 마스크를 선보인다는 계획이었다. 하유미팩은 이번에 망하면 끝이라는 생각으로 악착같이 매달렸기에 성공 확률이 더욱 높았다.

골리앗이 망설일 때 치고 들어가라

최은경팩은 아이_{eye} 마스크만 하이드로겔로 만들었고, 얼굴 마스크는 단가를 맞추느라 시트 마스크로 진행했다. 유 대표는 하이드로겔 마스크를 접한 고객들이 얼굴 마스크도 하이드로겔로 만들어 달라고 요청하는 것을 보며 시장성을 예감했다.

당시 얼굴에 붙이는 마스크팩은 이미 특별한 날에 하는 피부 관리 방법 중 하나로 자리 잡고 있었다. TV 드라마에는 마스크팩을 얼굴에 붙인 여주인공의 모습이 자주 보였고, 조인성과 백윤식이 등장하는 TV 광고가 나오며 남자들도 마스크팩으로 피부 관리하는 걸 자연스럽게 여겼다.

기존의 화장품 업체들은 마스크팩에 대한 소비자들의 니즈를 인식하면서도 쉽게 시장을 확대하지 못했다. 마스크팩은 생산 원가가 로션, 크림과 같은 일반적인 화장품에 비해 비싸다. 가방을 만들 때 가

죽에서 가방 재단을 하고 남은 가죽을 사용할 수 없듯이, 마스크팩도 시트나 겔에서 얼굴 모양으로 재단하고 남은 부분은 버려야 한다. 한 방울까지 남김없이 통에 담아 판매하는 로션, 크림과 비교해 원가가 높을 수밖에 없다.

그래서 대형 화장품 회사들은 마스크팩 생산 설비를 갖추고 직접 생산하는 대신, 제닉과 같은 업체에 OEM을 맡겼다. 여기에는 마스크팩의 시장 규모를 높이 평가하지 않은 이유도 있었다. 화장품 회사들은 마스크팩으로 돈을 번다는 생각보다 스킨·로션을 구매하는 고객에게 한 장씩 주는 사은품으로 마스크팩을 이용하고 있었다. 제닉이 하이드로겔 마스크를 들고 홈쇼핑을 점령하기 전까지는 말이다.

여성들에게 진정한 손과 발의 자유를 주다

마스크팩은 피부 관리를 하는 동안 설거지를 하고, TV를 보는 등 누워 있지 않아도 된다는 점이 매력적이다. 마스크팩이 나오기 전 인기를 끌었던 머드팩, 알로에팩 등은 얼굴에 바른 후 굳을 때까지 기다렸다가 벗겨 내거나 물로 씻어 내는 형태였다. 팩이 마를 때까지 가만히 누워 있어야 했다. 당연히 사용 빈도가 낮을 수밖에 없었다.

얼굴에 붙이는 시트 마스크는 붙이고 앉아서 TV를 볼 수도 있었고, 집안에서 걸어 다닐 수도 있었다. 하지만 에센스를 천에 주입하는 형태인 시트 마스크는 얼굴에 붙이면 에센스가 약간씩 흘러내리는 단점이 있었다. 평균적인 사람의 얼굴형에 맞춰 시트를 재단했다지만 어떤 이에게는 마스크가 남아돌고, 어떤 이에게는 마스크가 부족한 것이 문제였다. 하얀 마스크팩을 쓰고 눈과 입만 구멍을 뚫어놓은 모습이 '뭉크의 절규' 그림처럼 괴기스러워 보여 남편 앞에서 붙이기 거북하다는 주부도 있었다.

하유미팩은 이러한 문제점을 해결했다. 천에 에센스를 적시지 않고, 젤gel화 했기 때문에 에센스액이 흐를 염려가 없었다. 얼굴 모양으로 동그랗게 재단하는 대신 마스크팩을 상하로 분리해 윗부분 따로, 아랫부분 따로 붙이게 함으로써 얼굴 형태에 따라 붙이는 면적을 유연하게 했다.

무엇보다 하이드로겔은 반투명 재질이라 얼굴에 붙이고 있으면 멀리서 봤을 때 마스크팩을 했는지도 모를 만큼 자연스러웠다. 하유미 씨를 비롯한 쇼호스트들이 마스크팩을 붙이고 방송하는 모습이 징그럽지 않아서 주부들이 많은 구매를 했다는 이야기도 있다. 골프장에서 운동 후 집에 돌아가는 길에 운전 중 하이드로겔 마스크를 붙인다는 사람도 있을 정도다.

하유미팩은 여성들에게 진정한 손과 발의 자유를 주었다. 사람들은 더 이상 화장대 서랍 속에 마스크팩을 넣어 두고 어쩌다 한 번 사용하는 것이 아니라, 거의 매일 습관적으로 얼굴에 붙였다. 그렇게 제닉은 우리나라 마스크팩 시장 규모를 2,411억 원(2012년, 대한화장품협회) 규모로 키웠다.

할머니부터 국민언니까지, 제닉의 독특한 모델 선택법
유현오 대표가 미국에서 전시장을 찾아다니며 마스크팩을 팔러 다닐 때의 이야기다. 아이디어가 넘쳐 났던 그는 할머니 모델을 써서 "내가 진작 이 마스크팩을 썼더라면 이렇게 늙지 않았을 텐데"라는 카피로 광고를 만들었다. 광고비를 아끼기 위한 고육지책이었지만, 그 광고는 사람들의 눈길을 끄는 데 효과적이었다. 광고를 보고 관심이 생긴 바이어가 제닉 부스를 찾으면서 거래로 이어졌다.

탤런트 하유미 씨 역시 탁월한 선택이었다. 당시 유 대표는 무리한 사업 확장으로 자금 사정이 어려운 상태였다. 모델비에 많은 돈을 투자할 수가 없었다. 유 대표는 제품 판매액의 일정 부분을 수익으로 가져가는 계약을 할 수 있는 모델을 찾았다.

2007년 상반기 주부들 사이에서 최고의 화제는 김희애가 불륜녀로 나오는 〈내 남자의 여자〉라는 드라마였다. 김희애는 7년 후 〈밀회〉라는 드라마로 또 다시 불륜의 주인공이 되는데, 주부 시청자들의 부러움을 받는 2014년과 달리, 2007년에는 남의 남편을 빼앗은 분노의 대상이었다. 시청자들을 대신해 그 분노를 화끈하게 표현한 사람이 바로 하유미였다. 극 중에서 하유미는 김희애 바람 상대자의 처형으로 등장해, 불륜 커플에게 온갖 욕설과 폭력을 퍼부었다. 덕분에 '국민언니'라는 별명을 얻게 되었다.

하유미 씨는 제닉의 하이드로겔 마스크팩을 알리는 일등 공신이었다. 마스크팩의 성공 비결에 대해 사람들은 다양한 관점을 내놓는다. 언론에서는 당시 '국민언니'로 불렸던 하유미 씨의 인기를 꼽는다. 뷰티 전문가들은 잡티 하나 없이 깨끗한 하유미 씨의 피부를 성공 비결이라 말한다. 홈쇼핑 사의 MD는 '이 정도 관리도 안 하고 사니?'라고 소비자들을 혼내지만, '저 언니는 최소한 거짓말은 안 할 것 같다'라는 신뢰감을 주는 '못된 언니'의 대표적 캐릭터였기에 가능했다고 말한다. 제닉의 유현오 사장은 하유미라는 이름에 받침이 없어 발음하기 쉽고 입에 척척 달라붙었기 때문이라는 다소 엉뚱한 답을 내놓는다.

그럼 소비자들은? 평소 TV에서 보며 피부도 좋고 성격도 화끈해 마음에 들었던 언니가 '이 정도는 기본이야'라고 하는 말에 믿고 한 번 사 봤고, 써 보니 품질이 좋아 주변에 이야기를 했는데 하유미라는 이름이 기억하기 쉬워 자꾸 손이 갔다는 것이 정답이다.

홈쇼핑 히트 상품 4년 주기론의 현실화

하유미팩이 인기를 끌자 홈쇼핑 사에서는 서로 이 제품을 팔겠다고 했다. 제닉은 1년에 한 번 꼴로 제품을 업그레이드하며 그때마다 유통 채널을 늘려 갔다. '시즌 1'으로 불리는 '백금 하이드로겔 마스크'는 CJ오쇼핑에서만 출시했지만, 2008년 출시한 '시즌 2'는 현대홈쇼핑, 2010년 나온 '시즌 3'는 GS샵을 추가했다. '시즌 3' 마스크팩은 식약처에서 미백 및 주름 개선의 이중 기능성 인증을 받아 더욱 기능이 강화되고 이야깃거리가 많아졌다.

2011년은 하유미팩의 인기가 하늘을 찌를 때였다. 제닉은 '시즌 4'를 출시하며 롯데홈쇼핑을 추가했다. 롯데홈쇼핑이 보도자료까지 돌리며 "1년을 설득해 드디어 하유미팩을 팔게 됐다"고 홍보할 정도였다. 2008년 100억 원대이던 매출액이 2009년 400억 원, 2010년 800억 원으로 뛰기 시작했고, 2011년에는 1,000억 원대의 매출 달성과 함께 코스닥에 성공적으로 입성했다. 상장 이후 제닉은 주가가 치솟으며 승승장구하는 모습을 보였다.

하유미팩의 기세가 꺾인 것은 '시즌 5'를 출시하면서부터다. 하유미팩은 2010~2011년 2년 연속 현대홈쇼핑 전체 판매 1위에 오를 만큼 기세가 등등했다. 그 때문에 2012년 4월 '시즌 5'를 출시하면서부터는 99,000원의 가격을 109,000원으로 올렸다. 하지만 이미 '마스크 한 장당 몇 백 원'이라는 홈쇼핑 공식에 익숙한 소비자들은 1만 원의 인상에 싸늘한 반응을 보였다. 판매가 저조하자 제닉은 6개월 뒤 가격을 79,000원으로 낮춰 팔았다. 파격적인 가격 인하였지만 매출 저하와 기업 이미지 하락으로 이어졌다.

한 증권사의 홈쇼핑 담당 애널리스트는 "국내 홈쇼핑의 지난 20년 역사를 되돌아보면 히트 상품의 생명주기가 대체로 4년이었다"고 분석했다. 하유미팩은 평균적인 생명주기를 넘겼지만, 결국 2012년부터 생명 연장에 따른 부작용이 나타나기 시작했다.

'시즌 5'의 실수를 만회하기 위해 2013년 3월 '시즌 6'를 출시했지만, 반응이 예전만 못했다. 코스닥 등록 기업으로서 주주들의 이익을 고려해야 하는 제닉은 매출 볼륨을 키우는 것도 중요했지만, 이익을 생각할 때였다. 제품을 출시한 지 6년이 지나도 가격은 그대로고, 오히려 사은품만 추가해야 하는 상황에서 제닉은 '비용'에 대한 고민을 했다. 제품 가격을 10퍼센트 올리는 것보다는 판매액의 10퍼센트 이상을 수수료로 가져가는 벤더(홈쇼핑 유통 대행사)와의 관계를 정리하는 것이 현실적이었다.

기업이나 브랜드 인지도도 신경 쓸 시점이었다. 제닉이라는 회사와 셀더마라는 이름이 엄연히 있는데도 언제까지 하유미팩으로만 불릴 수 없는 노릇이었다. 제닉은 2013년 그동안 거래해 오던 벤더사 및 하유미 씨와 재계약을 하지 않고 홀로서기를 선언했다. 당연히 심한 몸살을 앓았다. 방송 스케줄은 잡히지 않았고, 업계에서는 제닉이 휘청한다는 소문이 돌았다.

하유미 없는 하유미팩이 가야할 길

그럴수록 제닉의 유현오 대표는 언론 인터뷰도 열심히 하고, 각종 창업 관련 강연에도 열심히 참석했다. 솔직하고 유머러스한 성격의 유 대표는 강연에 나가서도 꾸밈없이 말했다.

"저 이렇게 나서는 거 별로 안 좋아합니다. 그런데 언제까지 제닉이나 셀더마는 숨기고 하유미팩으로만 불릴 수는 없잖아요. 이거 다 홍보 활동입니다."

제닉과 관련된 기사를 검색하면 '문화기업'이라는 단어가 많이 보인다. 제닉 직원들은 '1인 1악기 캠페인'을 통해 누구나 바이올린이나 플루트, 기타 중 한 악기를 다룰 수 있다. 음악 캠페인이 반응이 좋자, '1인 1운동 캠페인'도 만들어 제닉 안에는 자전거 동호회, 걷기 동호회가 활동 중이다. 유 대표는 "중소기업'이라는 단어 대신 '문화기업'이라고 불리고 싶어 문화경영을 실시하고 열심히 홍보했다"고 고백했다. 중소기업이라고 하면 영세한 이미지가 강해 소비자들이 사용하지 않을 테지만, 문화기업이라고 하면 소비자들의 인식이 달라질 것 같았다는 설명이다.

코스닥에 기업을 공개한 것도 제닉이라는 회사를 알리기 위한 홍보 활동의 하나였다. 상장을 통해 유입된 자금으로 중국에 공장도 지었다. 좁은 한국 시장을 넘어 중국에 하이드로겔 마스크 열풍을 만들어 보겠다는 포부도 있다. 이런 노력 덕에 제닉이라는 회사와 셀더마라는 브랜드가 많이 알려지기는 했지만, 아직도 '일명 하유미팩', '하유미팩을 만든'과 같은 수식어 없이 스스로를 설명하기는 벅차다.

제닉은 현재 홈쇼핑에 세 개의 하이드로겔 마스크를 선보이고 있다. 3대 홈쇼핑 사 중 현대홈쇼핑에서는 '셀더마', GS샵에서는 '라쌍떼', CJ오쇼핑에서는 'SEP'으로 각기 다른 마스크팩을 판매한다. 홈쇼핑 영업은 벤더사를 쓰는 대신, 제닉의 1호 사원으로 입사해 상무까지 오른 최고참 직원이 맡았다. 전문 벤더사만큼 화끈한 방송 시간이나 사은품을 기획하지는 못하지만, 꾸준히 홈쇼핑의 생리를 익혀 가는 중이다.

셀더마 판매 방송에는 연예인 게스트가 등장하지만, 하유미 씨만큼 강한 역할을 부여받지는 못했다. 그냥 일반인들에게 낯이 익고 피부가 월등히 좋은 사람이 등장해 소비자들의 시선을 한 번 더 받을 뿐이다. 방송에서는 제닉이라는 이름을 수차례 강조한다.

GS와 CJ 방송에는 아예 게스트가 등장하지 않는다. 대신 눈에 띄는 기술을 적용해 쇼호스트가 이야기할 거리를 만들어 줬다. GS샵에서 파는 '라쌍떼 매직겔 마스크'는 시간이 지날수록 마스크의 색상이 변해 시각적으로 유효 성분의 침투 정도를 알 수 있는 기술을 적용했다. CJ오쇼핑의 PB상품인 'SEP 리프팅 마스크'는 팩 자체에 레이스 무늬를 넣은 것은 물론, 신축성 있는 레이스의 원리를 이용해 쳐진 피부를 올려 주는 기능을 넣었다.

유현오 대표의 말대로 셀더마나 라쌍떼는 하유미만큼 입에 착 달라붙고 기억하기 쉬운 이름이 아니다. 홈쇼핑 MD의 의견처럼 하유미 씨의 빈자리는 이효리 정도의 '센 언니'가 아니면 채우기 힘들 것이다.

제닉은 OEM과 ODM 비중을 늘리고, 마스크팩 이외의 화장품도 선보인다는 계획이다. 유현오 대표가 처음 회사를 설립할 때 계획했던 상처 치료제를 만들 수 있는 의약외품 제조 허가도 받았다. 그렇다고 당장 상처 치료제를 만들지는 않을 듯하다. "국민소득이 4만 불은 돼야 밴드 대신 겔 타입 시트를 쓴다"는 게 13년간 상처 치료제를 보류했던 유 대표의 결론이다.

하유미팩과 같은 연예인 상품은 국민소득 2만 불 시대에 가장 적합했던 마케팅 방식이다. 그렇다면 국민소득 3만 불 시대를 앞둔 현 시점에서는 어떤 마케팅이 유효할까? 우리보다 앞서 경험한 이웃나라 일본의 사례가 도움이 될 듯하다.

한때 연예인 상품 열풍을 경험했던 일본에서는 더 이상 연예인 추천 스토리가 통하지 않는다. 소비자들은 제품에 담긴 히스토리에 집중하고, 그래서 아무리 가격이 비싸더라도 '혼모노本物' 즉 '오리지널'을 찾는다. 하유미 씨는 떠났지만, 다행히 제닉은 '원조 하이드로겔 마스크'라는 자산을 갖고 있다.

에필로그

이 책을 한창 쓰고 있을 때 롯데홈쇼핑 비리가 터졌다. 롯데홈쇼핑의 말단 직원부터 사장까지 납품 업체에서 뇌물을 받은 사실이 드러나면서 홈쇼핑 업계 전체가 비리의 온상으로 매도되었다. 그동안 홈쇼핑 사의 태도에 마음이 상했던 업체들은 언론사에 쌓였던 분노를 제보했다. 홈쇼핑 사의 높은 판매 수수료가 도마에 오르며 "홈쇼핑은 앞으로 남고 뒤로 밑지는 장사"라는 문구가 모든 언론사의 뉴스에 인용되었다.

그런데 내가 만나 본 홈쇼핑에서 히트 상품을 만든 업체들은 모두 "앞으로도 남고 뒤로도 남는 장사"를 했다. 심지어 5만 원도 안되는 돈가스를 팔면서 홈쇼핑 사에 33퍼센트를 떼 주고, 돈가스 제조업체, 소스 제조업체, 사은품 업체, 유통 업체, 마케팅 업체, 연예인이 수익을 나눠 갖는 도니도니돈까스조차 참여한 모든 이해관계자가 큰돈을 벌었다. 홈쇼핑을 통해 한 달에 수만 세트가 팔려 나가면 충분히 가능한 일이었다.

홈쇼핑 비즈니스에 관한 책을 쓰면서 이 업계가 연예계와 많이 닮아 있음을 느꼈다. 아무래도 TV라는 동일한 매체를 주요 수단으로 하다 보니 통하는 점이 많을 수밖에 없다. 연예인은 일단 스타가 되고 나면 고정적인 방송 수입이 생겨 안정적인 생활을 할 수 있고, 찾는 곳이 많아져 활동 범위가 넓어진다. 하지만 스타가 되기까지는 경쟁이 매우 치열하고, 기다려야 하는 시간이 많다. 무엇보다 대중의 사랑은 갑자기 뜨거워졌다 식기도 해, 준비가 덜 된 연예인은 후속 작품을 미처 준비하기도 전에 무대에서 사라지고 만다.

홈쇼핑 업계도 마찬가지다. 히트 상품을 만든 업체 중에는 오래 전부터 제품 개발에 매달리며 실력을 쌓은 곳도 있지만, 시대의 흐름을 잘 타 반짝이는 아이디어가 성공한 곳도 있다.

히트 상품이 되었다고 탄탄대로가 펼쳐지는 것도 아니다. 한 상품이 인기를 끌면 비슷한 제품이 쏟아져 나오고, 홈쇼핑 사는 비슷한 기능이라면 더 저렴한 제품을 판매하는 업체를 선호한다. 휴롬이 최고라며 칭찬하던 쇼호스트가 다음날 갤럭시 원액기를 파는 일도 비일비재하다. 냉정한 비즈니스의 세계에서 의리는 없다.

2000년대 초 '세븐라이너'라는 종아리 마사지 기계가 홈쇼핑을 점령한 적이 있다. 제품을 개발한 사장은 정부에서 '신지식인' 표창까지 받으며 '경영 능력도 뛰어난 발명가'로 주목을 받았다. 세븐라이너는 2002년 CJ홈쇼핑 종합 판매순위 8위에 오르며 히트 상품이 되었지만, 이듬해인 2003년 10월 부도가 났다.

홈쇼핑의 히트 상품은 스캔들에 민감하다는 점에서도 연예계와 닮았다. 사람들이 많은 관심을 갖는 만큼 감시의 눈도 많다. 한때 홈쇼핑 미용 분야를 석권했던 '김영애 황토팩'은 소비자 고발 프로그램의 허위 보도로 인해 하루아침에 사업을 접어야 했다. 재판 과정을 통해 잘못된 보도였음이 밝혀졌음에도 방송의 생리상 한 번 실추된 이미지를 되살릴 수는 없었다.

홈쇼핑 업계를 취재하며 과거 신문사 기자로 활동하던 시절이 생각났다. 나는 한창 벤처가 호황이던 시절 IT, 벤처 분야를 담당하고 있었는데, 하루에도 수십 명의 홍보 담당자들이 전화를 하고, 보도자료를 보내고, 찾아왔다. 그때 '이야기 안 되는 내용'을 들고 와 기사를 써 달라고 조르는 홍보 담당자도 있었고, 신문에 난 기사를 바탕으로 투자를 받으려는 사기꾼 냄새나는 업체도 있었다. 훌륭한 사업 내용을 제대로 프레젠테이션 할 줄 아는 네이버나 넥슨 같은 회사도 있었다.

홈쇼핑 MD들은 당시 내가 상대했던 사람보다 훨씬 많은 사람들로부터 만나자는 요청을 받는다고 한다. 업무에 지친 MD들은 업체의 절박한 상황과 상관없이 짜증도 내고 소위 '갑甲질'도 할 것이다. 물론 MD들의 이러한 태도를 옹호하려는 것은 아니다. 다만 모든 MD들이 벤더사가 추천하는 상품만 소개하고, 친한 업체만 감싸고 도는 것은 아니라는 이야기를 하고 싶다. 소수의 저질 기자들만이 홍보대행사가 보내는 보도자료를 그대로 옮겨 적고, 업체의 향응을 받는 것처럼 말이다.

홈쇼핑으로 재미를 못 본 업체들은 "홈쇼핑은 홍보 수단으로만 활용하고, 다른 경로에서 돈을 벌어야 한다"고 말한다. 하지만 홈쇼핑은 다른 유통 채널보다 늘 더 좋은(싸고, 판촉물을 많이 주는) 조건을 내세우기 때문에 홈쇼핑을 진행하면서 홈쇼핑이 아닌 경로에서 돈을 버는 것은 쉽지가 않다.

홈쇼핑에서 히트 상품을 만들어 낸 사람들의 이야기는 벤처가 IT 분야 공대생들의 전유물이라 생각하며 창업을 포기했던 사람들에게 꿈과 희망을 준다. 여러 가지 논란이 있지만, 실력 있는 중소기업이 제대로 승부를 걸어 보기에 홈쇼핑만한 곳은 없다.

KI신서5598

홈쇼핑만 봐도 돈 버는 방법이 보인다

욕망을 기획하라

1판 1쇄 발행 2014년 7월 21일
1판 2쇄 발행 2014년 8월 14일

지은이 박내선
펴낸이 김영곤 **펴낸곳** (주) 북이십일 21세기북스
부사장 임병주 **이사** 이유남
출판사업본부장 주명석
기획편집 남연정 이경희 **표지** 전지선 **본문** 전지선 곽유리
영업본부장 안형태 **영업** 권장규 정병철
출판마케팅 민안기 최혜령 이영인 강서영
출판등록 2000년 5월 6일 제10-1965호
주소 (우413-120) 경기도 파주시 회동길 201(문발동)
대표전화 031-955-2100 **팩스** 031-955-2151 **이메일** book21@book21.co.kr
홈페이지 www.book21.com **트위터** @21cbook
블로그 b.book21.com **페이스북** facebook.com/21cbooks

ISBN 978-89-509-5540-3　03320
책값은 뒤표지에 있습니다.